相手の身になる

鎌田實

小学
Youth
Books

相手の身になる練習●目次

序章　生きづらい現代だからこそ必要な力

ピンクのマスクはかっこいい！

２０２０年、新型コロナウイルスが広がり、世界中が同じ問題に直面しました。深刻なマスク不足が起こり、日本でも、店頭からマスクが消えました。病院や介護施設では、マスクがないために院内感染や施設内感染の恐怖が広がっていました。

マスクを全員に行きわたらせたい――。台湾では、オードリー・タンというＩＴ担当大臣がアプリを開発、身近な地域のどの店にマスクがあるか一目でわかるアプリで、その結果、マスクが格段に手に入りやすくなりました。

ただし、マスクの色や柄はランダムに配られ、本人は選べませんでした。男の子にピンク色のマスクが配られることもあり、実際にピンク色のマスクを学校につけて行った男の子が友だちからからかわれた、という話がそこここで聞かれるようになっていました。

この話を聞いた台湾の閣僚たちは、驚くべき行動に出ました。記者会見で全員ピンク色のマスクをつけて登壇したのです。閣僚は、ダークスーツを着たおじさんたち。記者からピンク色のマスクの理由を聞かれて、「ピンク色もいいですよ」とコメントしました。蔡英文《さいえいぶん》総統も「男子か女子かにかかわらず、ピンクは素敵な色」とSNSに投稿しています。世の中にある、男はこうあるべき、女はこうあるべき、という思い込みにとらわれず、人間は多様であり、もっと自由に生きよう、というメッセージが温かく伝わってきます。

この話を聞いたとき、とても素敵な話だと思いました。そして、もし日本で同じようなことが起こったら？　と想像してみました。

「みんなマスク不足で困っているのだから、色なんかでわがままを言うな」

SNSやテレビのコメンテーターらが、子どもやその親を非難する、そんな悲しい光景を想像しました。コロナという非常時なのだから、みんな我慢すべき。確かにそのとおりで正しいのですが、何かお互いに気持ちの余裕のなさが目立ち、それがさらに生きづらさにつながっているような気がするのです。

なぜ感染者を非難するのか

コロナ禍の日本で起こったことのなかで僕がいちばん気になっているのは、新型コロナに感染した人を多くの人が非難するという風潮です。感染症というのは病気の一つです。病気になったことを、他人から非難されるというのはおかしなことですよね。「花粉症になるなんてけしからん」なんて誰も言わないでしょう。けれど、そのおかしなことが大手を振って行われました。

たとえば、大学生の感染者が出たと情報が流れると、どこの大学か、どこに住んでいるのか、ふだんどんな行動をしているのか、さまざまな情報がネットにあげられました。こんな軽率な行動をしていた、許せない、というような誹謗中傷でした。身に覚えのないことまで書かれ、まるで犯罪者のように扱われた学生は、感染症が治った後も、通学に不安を感じる日々を過ごしているそうです。

東京に住む20代女性は、地方に帰省した際ＰＣＲ検査を受け、陽性とわかったのにもかかわらず公共交通機関を使って東京に戻っていたことがわかりました。確かに軽率な行動だったかもしれませんが、ネットでの誹謗中傷はそれ以上に暴力的でした。「コロナをまき散らしている」「逮捕しろ」などと書き込んだり、その女性のものとされる顔写真や卒業アルバムまで出回ったのです。

非難の対象は、ライブハウスや飲食店などにも向けられました。「営業ヤメロ」と貼り紙をしたり、ネットで脅迫したりしたのです。それぞれの事情はいっさい無視して、自粛しない人を一方的に非難する、いわゆる「自粛警察」です。

さらに、医師や看護師といった医療従事者に対しても、偏見や差別の目が向けられました。医師や看護師を親にもつ子どもが、保育園や幼稚園への登園を拒否されたり、友だちから仲間はずれにされたりしたというのです。「病院で働いている人は、感染しているかもしれない」「病院で働いている人の家族には近寄らないほうがいい」という疑心暗鬼が、過剰な反応になったのでしょう。けれど、だからといって、人を差別したり、ウイルス扱いしていいわけはありません。

多くの医療従事者が、過酷な労働のなかで、感染を広げないように神経をすり減らしながら患者さんを診ています。自分自身は人の命を支えることに使命感をもっていたとしても、家族がつらい目にあうというのは、何ともやり切れない気持ちになったことでしょう。追いつめられて病院を辞めていく人も多いと聞きます。もし、そうした人が増えていけば、日本の医療は破綻してしまいます。

感染者を非難する社会をこのまま放っておくとどうなってしまうのか。おそらく「感染者」にならないために、病院に行ったり、検査を受けたりするのを避ける人が増えてくるでしょう。ＰＣＲ検査が十分に受けられない医療体制の問題ではなく、多くの人が自主的に検査を控えてしまう。そんなことになれば、結果として感染を広げることにつながります。つまり、感染者を非難する社会は、感染症に弱い社会ということなのです。

同調圧力が強い社会

日本人は他人と同じようにふるまうことを好んだり、集団のなかの調和を大事にする人が多いといわれています。このような人が多数を占める社会では、他人と違うことをする人やルールに従えない人は非難され、排除されがちです。

特に、現在のような多くの人が我慢を強いられるような状況では、イライラや不満がたまり、人を許す心の柔らかさが失われていきます。

「みんながこんなに我慢して暮らしているのに、一部の人が自分勝手に行動するなんて許せない」

こんな感情がどんどんふくらんでいった結果、「自分勝手に行動した人」を罰するためにＳＮＳに感染者の個人情報を流したり、悪口をまくしたてたりするようになっていく。そうした行為が「悪いこと」という自覚はなく、むしろ社会のためになっているという誤った正義感さえ抱いて、ますます過激になっていきます。

こういう行動は、今回のコロナ以前にもあった根深い問題だということを知っておいてほしいと思います。

たとえば、第一次世界大戦後、激しい経済不況で不安や不満が高まるなか、ナチス・ドイツはじわじわと力をつけていきました。ナチスは、自分たちが豊かになれないのは、それを奪っているユダヤ人がいるからだ、と主張して大衆の心に入り込みました。ユダヤ人を悪者にして、強制収容所に送ったのです。そこで殺害されたユダヤ人は100万人以上ともいわれています。ある集団に悪のレッテルを貼って排除する。それは、歴史でたびたび繰り返されてきたことでした。

日本でも第二次世界大戦下、戦争に反対したり軍部の方針に背いたりしないように、近隣の住民同士が監視し合う「隣組」という組織がありました。当時はSNSはありませんが、やっていることは今も昔も変わらないのです。

悪口か花束か

日本の嫌なところばかり書いてしまいましたが、コロナ禍で素敵なことも起きています。

ある女性タレントが濃厚接触者となり、2週間の自宅待機となりました。感染は確定していませんでしたが、その人の住んでいるマンションではエレベーターや玄関などが消毒されたといいます。きっと、そのタレントは他人に迷惑をかけてしまったと肩身の狭い思いをしたことでしょう。

1歩も外へ出ず、2週間の自主隔離期間が終わりました。初めて外へ出て、ポストを見ると、小さな花束が入っているのに気づきました。

『おめでとうございます。自宅待機の2週間、何もなくてよかったです』

手紙も添えてありました。

タレントの女性は、感激で涙があふれて止まらなかったといいます。

人間は、こんなに温かなこともできるのです。

僕は感染者をバッシングする人が特別悪い人間だとは思いません。常識や思いやりのないひどい人間というわけではないのです。むしろ、僕たちの身近にいる普通の人たちです。その人だって、きっと家族や友人にはやさしい面をもっているでしょう。

では、花束を贈る人と、感染者をバッシングする人とでは、いったい何が違うのか。ただ一つ違いがあるとすれば、「相手の身になることができたかどうか」だと思います。

相手の身になることができれば、感染した人の気持ちに近づくことができます。もし、感染したのが自分だったら、どんな気持ちになるでしょうか。発熱やだるさ、息苦しさなどの体の症状も、不安だろうな。ひとり隔離されて、心細いかもしれないな。あるいは、小さな子どもを育てていたり、体の弱いお年寄りを介護していたりしたら、自分のことより、子どもやお年寄りのことが気がかりかもしれないな……。

ひとくくりに考えていた「感染者」にも、一人ひとり名前があって、それぞれ違う事情を抱えていることがわかったら、簡単に非難することはできません。

人間は、感染者をバッシングする人にもなれるし、花束ややさしい言葉で思いやりを示す人にもなれます。どちらにもなれるとするならば、君はどちらの人間になりたいですか?

現代は「相手の身になる力」が育ちにくい

幼稚園や小学校で、友だちと仲よく遊んだりするとき、「相手の身になりましょう」と言われたりします。けれど、そのことの大切さをよく考えたり、毎日の生活のなかで実践できているかどうかというと、疑問が残ります。現代の社会は、意識して相手の身になろうとしなければ、相手の身にならなくても済んでしまう仕組みになっているからです。

一つは、競争社会という仕組みです。結果を出すことを問われる成果主義の現代社会では、まず自分が勉強して資格を取得したり、いい大学に入ったり、一生懸命働いてある成果を出すことが求められます。こうした社会を生き抜くには、相手のことなんて考えないほうがいいと言う人もいます。相手のことなんて心配していたら、競争に勝てないばかりか、自分が損してしまうという思い込みも広がっています。

もう一つは、言葉に偏ったコミュニケーション社会という仕組みです。今の若い人たちは、僕が若いころと比べると話が上手で、話題が豊富、発信力がある人が多いように感じます。すばやく反応して、文章を短くおもしろくまとめたりする力は、SNSで鍛えられているのでしょう。気のきいた話で、周囲をクスッと笑わせることができる人は人気者。子どもたちの世界の〝スクールカースト〟でも上位に君臨できているのは、そういう人かもしれません。けれど、こうしたウケることを重視したコミュニケーションの陰で、自分の言葉をもつということと、相手の身になるという力は忘れがちになっているように思います。

そもそもコミュニケーションとは、言葉だけではありません。言葉はコミュニケーション全体のたったの7％といわれています。残りの93％は、声の調子、顔の表情、視線、しぐさ、態度といった言葉以外のもの。僕たちは言葉そのものより、言葉以外のものからずっと多くを受け取って、コミュニケーションをとっているのです。どんなにいいことを言っていても、その人が踏ん反り返って横柄な態度でいたら、何か信用ができないと感じてしまうのは、そのためなのです。

SNSでのコミュニケーションのほとんどは、言葉に偏っています。どういう気持ちが込められているのか、細かなニュアンスを文字から読み取るのは、けっこう難しいもの。人によってはまったく逆の受け取り方をしてしまうこともあるでしょう。相手の姿が見えないところで相手の身になるというのは、もともと難しいことなのです。

さらにコロナ時代になって、オンラインでのコミュニケーションが一気に進みました。画面越しに顔を見て会話ができたとしても、やはり直接会って話をするのとは違って、相槌がぶつかったり、間合いが取れなかったり、何となく話がかみ合わないような感じがします。特に、初めて話す人はストレスを感じるでしょう。こうしたオンラインでのやりとりは、コロナ後もある程度続いていくことが予想されます。

すると、今後も、SNSやオンラインでの発信力のあることが重視され、そうした能力をもった人が競争社会でも有利になっていくことは間違いありません。そうすると、ますます相手の身になる力がないがしろにされてしまうのではないか。僕はこれをとても危惧しています。

相手が見えないと言葉は凶暴になる

コミュニケーションは、キャッチボールです。ボールを投げて取る、取っては投げる、この繰り返しで相手のことが少しずつわかってきたり、相手と自分の関係性が出来上がっていきます。それには、相手がキャッチできるようにボールを投げなければなりません。つまり、相手の身になって、相手に伝わるように話すことが必要になります。

けれども、ＳＮＳを中心にした現代のコミュニケーションは、キャッチボールではなく、自分がいかにすばらしいボールを投げるかに終始しているように思えます。もともと不特定の相手に発信するＳＮＳでは、誰にボールを投げているのかさえあいまいです。

自分が発した言葉に、誰かが「いいね」を返してくれたら、自分という存在も認められたような気分になります。この気持ちは僕もわかります。自分の言葉をわかってくれる人、賛同してくれる人の存在はとてもうれしい。そして、もっとおもしろいこと、もっと過激なことを書いてやろうというふうにエスカレートしていきます。ある意味楽しい気分になりますが、その言葉を受け取る相手のことまで考えている人はあまり多くないでしょう。

つらいのは、暴走する言葉をもろに投げつけられた人たちです。

プロレスラーの木村花さんが自殺したのは、ＳＮＳによる心ない言葉が引き金だったといわれています。執拗に暴言を書き込んだ男は、結局逮捕されました。

子どもたちの世界でも、ＬＩＮＥで悪口を言われた、グループＬＩＮＥから自分だけ外されていた、といったいじめが横行していると聞きます。小中学校の子どものいじめ認知件数は約61万２５００件と過去最多を記録しました。インターネットやＳＮＳによるいじめも増加していて、約１万８０００件が報告されています（文部科学省「２０１９年度児童生徒の問題行動・不登校等生徒指導上の諸課題に関する調査」）。

ネットやＳＮＳによる言葉の暴力は24時間どこにいても続くので、逃げ場がありません。しかも何がきっかけでターゲットにされるかわからない。大人も子どもも、そんな生きづらい社会に生きています。

誤解のないように言いますが、僕はＳＮＳが悪いと言っているわけではありません。ＳＮＳという難しいコミュニケーションツールを使いこなすには、もっと相手の身になる力を身につけなければ、ＳＮＳという道具に振り回されてしまうと言いたいのです。

相手の身になる力は何を変えるか

相手の身になるということは、相手に興味をもつということです。自分のほうから興味をもつと、たいていは相手もこちらに興味をもってくれます。それがきっかけで、お互いに話ができたり、わかり合えたりします。そう、相手の身になることは、人と仲よくなる近道なのです。

人にアピールする特技やすぐれたところがないと、友だちはつくれないのではないか。そんなふうに自信をもてないでいるかもしれませんが、それは大きな誤解です。自分のほうから相手に興味をもつこと、そして、相手の身になってみることで、人との距離を縮めることができるのです。

相手の身になるということは、自分とは違う考え方、知らなかったことと出合うことでもあります。視野が広がり、自分が思っている「あたりまえ」があたりまえではないことにも気づかせてくれます。世の中にはいろんな考え方がある、常識は一つじゃないと気づくことは、人間として豊かに成長していく上で欠かすことができません。

これから多様性の時代になるといわれています。多様性とは、いろんな個性、いろんな考え方をもった人たちが、それぞれ認め合いながら一緒に生きていくこと。そんな多様性を大事にする社会では、相手の身になる力がないと生き抜くことができないと僕は思っています。

そして、最も大切だと思うのは、暴走を防ぐブレーキとしての力です。コロナ禍であらわになったように、残念なことですが人間には人を誹謗中傷したり、言葉の暴力を振るう嫌な一面があります。けれど、相手の身になる力があれば、その方向に流されそうになる自分にブレーキをかけることもできるのです。お互いに傷つけ合うのではなく、声をかけ合う、気遣い合う、助け合うことで、僕たち自身が生み出している「生きづらさ」はずいぶん解消されるのではないでしょうか。

現代は、コンビニがあり、ネットで世界中の人とつながることもでき、ある程度、条件が整えば一人でも生きていける仕組みになっています。自分のことだけ考えて生きていくことも可能かもしれません。しかし、それだけでは幸せに生きられない。一人だけでは心が満たされないことに、みんなが気づき始めています。

相手の身になる力は、人とかかわりながら、だんだんと身についていきます。その大切さに気づくことができれば、もっともっと伸ばしていくこともできるでしょう。今まで何となく見過ごされてきた、古くて新しい「相手の身になる力」。新しい自分を発見するために、「生きづらさ」を解消するために、人や社会とつながって生きていくために、相手の身になる練習を始めましょう。

第1章

僕をつくった、根底にある力

自分が「望むこと」より「望まれること」

僕は子どものころから「相手の身になること」を意識してきました。この習慣があったことで、さまざまな人生の局面をうまく乗り越え、自分でも想像していなかった展開をしていくことができた、と思っています。たとえば、医師になって最初の一歩を踏み出すときも、この力が大いに役立ちました。

１９７０年代前半のこと、東京の国立大学の医学部を卒業したばかりの僕は、長野県茅野《ちの》市にある諏訪《すわ》中央病院に向かっていました。新宿から電車に乗ると、見慣れた風景はどんどん後ろに走り去っていきます。都心のビルや住宅地は消え、いつの間にか山と山の狭い谷間に突入。かと思うと、ぱっと目の前に盆地が開け、しばらくすると、また山が迫ってくる。そして、また突然、平野が広がる。そんな体験を繰り返した後、茅野駅に降り立ちました。

当時の駅前は、カレーホールという食堂が一軒だけ。とても閑散としていました。

タクシーに乗って「諏訪中央病院まで」と行先を告げると、まさかの言葉が返ってきました。

「聞いたことないなあ。お客さん、諏訪っていうくらいだから、次の上諏訪駅で降りたほうがよかったんじゃないかなあ」

急に心細くなりました。「思えば遠くへ来たもんだ」という中原中也の詩がありますが、後悔の気持ちがどんどん膨れ上がってきました。

結局、運転手さんに調べてもらい、ようやく病院にたどり着いたときには、後悔を通り越して不安な気持ちでいっぱいになりました。タクシーが着いた先は、幽霊が出そうなオンボロ病院だったのです。

当時、諏訪中央病院は累積赤字４億円、今にもつぶれそうで、医者がいなくて困っていました。同級生の多くは、都市の大きな大学病院を希望していましたが、医師になったからには最先端の医療を身につけたいと思うのは当然のことです。同級生の中でただ一人、地方の小さな病院に行く僕を、〝貧乏くじ〟を引いてかわいそうと思っている人もいたかもしれません。

本音を言ったら、僕だって、最先端の医療にたずさわりたいという気持ちはありました。けれど、みんなと同じようなことはしたくない。何より、医者がいなくて困っている病院に行ったら、きっと喜ばれるだろう。まだ医師のひよっこでしたが、僕を必要としてくれるなら、1年くらいこの病院を応援してもいいんじゃないかな。そんな軽い気持ちでした。

進路や就職先を選ぶとき、まず自分が何をしたいのかというモノサシで進路を考えると思います。僕もそれがいちばん大事なことだと思います。けれど、自分の「望むこと」だけにこだわりすぎなくてもいいんじゃないか、人から「望まれること」に身をまかせてみるのもおもしろい、そんなふうに考えると選択肢が広がるように思います。少しだけ、視点を「自分」から「相手」に移してみるということです。

でも、まさか、こんなにもオンボロ病院とは……。

病院はオンボロでしたが、先輩医師たちはものすごく優秀で、すぐにこの病院でこの先輩たちに学びたいと思うようになりました。はじめは1年だけのつもりが、10年になり、20年になり、気がつけば、この病院のある八ヶ岳の麓が僕にとって大事なふるさとになっていくとは、そのときは想像もしていませんでした。

自分から出かけていく

今でこそ長野県は長寿県で知られています。最新の都道府県別平均寿命（平成27年）では、長野県は女性が全国1位（87・67歳）、男性は2位（81・75歳）。ここ20年間ほどは常に上位を占めています。しかし、僕が諏訪中央病院で働き始めたばかりのころの長野県は、全国のなかでも脳卒中が多い地域でした。長生きの地域どころか、不健康で短命の地域だったのです。

脳卒中で倒れた患者さんの命を、僕たち医師は必死で救いました。なのに、助かった患者さんの表情は晴れません。後遺症が残り、介護が必要な状態になって退院しなければならなかったのです。

どうしたら患者さんに喜んでもらえるのか。病気になってから治療するのではなく、病気にならないようにすることのほうがもっと大事なのではないか。それには、病院で患者さんを待っていてはダメだ。そう思い当たり、こちから地域に乗り込んでいく作戦に出ました。

病院の勤務が終わった後、ボランティアで地域の公民館に行くと、地域の人たちが待っていました。脳卒中にならないための食事の注意や運動について、具体的にわかりやすく伝えようと心がけました。まずは、脳卒中の危険性を高める高血圧を改善するため、塩分を減らそう、野菜を食べよう、運動をしよう。一生懸命語りかけました。

「先生、いい講演だった、よくわかった」

参加者みんな、喜んでくれました。しかし、その直後のこと。みんなでお茶を飲んでいたときに、野沢菜の塩辛い漬物が出てきて、あたりまえのようにドバドバッとしょうゆを回しかけるのです。

僕は今、何が起こったのか、目の前の光景をすぐに理解できませんでした。たった今、塩分を控えようと話したばかりで、みんなもよくわかったと言ってくれたばかりなのに……。

頭で理解したことと、それを実行できるということの間には、大きな隔たりがあります。地域の人たちが行動を変えてくれるまで、これは根比べになるぞ、と腹を据えたのを覚えています。

〝寝たきり老人〟ってどんな気持ちなんだろう

年間80回にも及んだ公民館での健康講演会。ある日、こんな声をかけられました。

「うちには寝たきり老人がいます。先生、見にきてください」

当時はまだ介護保険制度がなく、公的な介護サービスもほとんどありませんでした。高齢になったり脳卒中などの病気になって体が不自由になったりしたとき、主に介護を担っていたのは家族でした。24時間途切れることのない介護、それが10年20年も続くことで、介護している側がうつになったり、家族関係がこじれたりすることが社会問題になっていました。〝介護地獄〟などといわれました。

僕は、「行きます」と約束しました。

そのお宅を訪ねると、居間を通り抜け、座敷を抜け、いちばん奥の部屋に案内されました。人の目にもふれず、日の光もめったに差さない部屋。そこに寝かされていたのが「寝たきり老人」でした。

「家族に面倒をかけて申し訳ない」「こんな体になってしまって、生きていたくない」しわがれた声で、彼は僕に訴えました。病気で倒れる前には、彼の人生があったはずなのに、寝たきりになって、人生ががらっと変わってしまったのです。

話を聞いていくうちに、お風呂に何か月も入っていないということもわかりました。当時は、バリアフリーのお風呂などは珍しく、家族が寝たきりのお年寄りを抱えてお風呂に入れるのは、とても大変なことでした。

長野県には、いい温泉がたくさんあります。僕は温泉が大好きで、ゆったりとお湯につかって手足を伸ばすと、なんとも幸せな気持ちになります。どんなにいやなことがあっても、またがんばろうという気持ちにもなれます。それだけじゃありません。自分で自分の体をいたわるということは、自分を大切にすること、自分を価値ある人として扱うことでもあるのです。温泉はおろか、家のお風呂に何か月も入れないなんて、どんなに味気なくて、冷え冷えした気持ちだろうか。

僕がもし脳卒中で倒れて起き上がることができないような障害を負ったとしたら、やはり絶望的な気持ちになるでしょう。けれど、好きなときにお風呂に入れて、月に1度くらいは温泉に入って、おいしいものを食べることができたら、絶望しながらも少しは希望を見出すことができるんじゃないか。

このとき、寝たきり老人となってしまった人の身になって考えたことで、僕は新しい目標が見えてきました。病気になっても、障害を負っても、その人らしく生きられるような地域にするには、どんなサポート体制をつくらなければいけないのかを真剣に考え始めたのです。

体が温まると心も温まる

心強いことに、寝たきり老人の身になって考えたのは、僕だけではありませんでした。住民の間でも、寝たきりの人や介護する家族の身になって、どうすればいいか考えている人たちがいました。その人たちが中心になり、温泉施設を借りて、送迎バスを出し、寝たきりの人をお風呂に入れて、背中を流してあげたりしました。名付けて「寝たきり老人をお風呂に入れちゃう運動」です。

「もう死にたい」と言っていた人が、みるみる変わっていきました。温泉で体が温まると、まひのある体の痛みも少し軽くなります。ほおもピンク色になって、自然と笑顔が浮かんできます。目にも輝きが出てきました。

「生きていたくない」と言っていた人が、送迎のバスの中から、外の景色を楽しんだり、ボランティアのおばさんたちと話をするのを楽しみにするようになりました。家族以外の人と会うのは久しぶりだったのです。

家族に「迷惑をかけて申し訳ない」と言っていた人が、にこにこと笑顔を浮かべ、「ありがとう」と言うようになりました。その言葉だけでも、介護している家族の気持ちは楽になるものです。温泉施設に行っている間は、家族は介護を休んで、自分のために時間を使って気分転換をすることもできます。

こうやって、お風呂に入るために外出することというのは、想像以上に大きな意味があることに、僕たちは気づきました。お年寄りがお風呂に入って、おやつを食べて、体調管理もでき、ほかの人と楽しく交流することができる。そんなことが定期的にできる場所が地域にあったらいいな。そんな発想が、日本で初めての高齢者向けのデイケアとなり、やがて現在のデイケアやデイサービスにつながっていったのです。そのはじまりは、寝たきりの人の身になって考えたことが出発点でした。

医師にとって大事な力

相手の身になる力。これは、医師や看護師など、人間とじっくり向き合う仕事にとって欠かせない能力です。もちろん、医師になるには、学問を追求していく力や困難に負けない心の強さも必要です。けれど、いちばん根っこのところで必要なのは、相手の身になる力だと、僕は思っています。

高齢になると、血圧が高くなる人が増えますが、僕はただ血圧を下げる薬を処方することはしません。どんな生活をしているのか、生活のなかに血圧を上げる原因がないか話を聞いたり、何気ない会話のなかからも、そのヒントを見つけるようにしています。漬物が好きで塩分が多い食生活になっていないか、運動不足で肥満になっていないか、夜もよく眠れないような悩みがないか……。ときには家族に対する愚痴を吐き出す人もいます。僕はそうした話も聞くようにしています。不思議なもので、言いたいことを吐き出して、それをわかってくれる人がいれば、それだけで気持ちが落ち着き、血圧が少し安定する人も少なくありません。薬を出したり、手術をするだけが医師の仕事ではないのです。

40歳を目前にして、僕は院長になりました。病院で働く多くの人たちをまとめ、働きやすい環境を作りながら、地域にとって求められる病院になるにはどうしたらいいか、常に頭を悩ませていました。そのときも役に立ったのが、相手の身になるという力です。自分と意見が違う人でも、いったんはよく聞き、どうしてそう考えるのか理解しようとしました。トップダウンで強権を振るっても、人の納得や協力は得られないのです。

病院は、かつて大きな赤字を出していましたが、地域の人の身になって病院づくりを進めていけば、経営も追いついてくると信じていました。地域の人が望むこと、それは、高齢になって不自由が出てきても、病気で倒れて障害が残っても、住み慣れた地域で暮らせるようにすること。病院から医師や看護師が訪問し、リハビリが必要な人はリハビリの専門家が家を訪ねて指導する。そういう地域のネットワークをつくることで、赤字だった病院は次第に黒字に転じていきました。

こうした地域医療のモデルは、全国で注目され、地域医療を実践したいという志をもつ医師や看護師たちが集まるようになりました。現在では、地域の人たちは彼らを深いふところで迎え、ふれあいながら、どんな医療を実践すべきが、共に考える関係が生まれています。

貧しくても人という資源はいっぱい

僕が相手の身になる力をつけることができたのは、いったいいつ頃のことなのか、少し時間をさかのぼってみます。

僕は１９４８年に生まれました。実の親の顔を知りません。僕を産んでくれた母親と父親は離婚しました。理由はわかりません。僕は父親に引き取られましたが、そのあと他の女性と結婚する時、父は僕を手放すことにしたのです。僕が1歳10か月の時でした。

僕を引き取って育ててくれたのは、貧しく、子どものいない夫婦でした。そして、37歳になるまで、自分が他人の家に引きとられた子だったことをまったく知らず、僕はこの2人を実の両親だと思って育ちました。母は重い心臓病で、たびたび入院していました。父はその医療費を稼ぐため、そして僕を育てるために必死に働いていました。父は自分にも厳しく人にも厳しい人でした。真面目で、無駄なことにお金は使いませんでした。

「もっと全力を出せ」

父はこう言って僕をよく叱りました。父自身がいつも全力を出して生きてきたため、僕の態度が歯がゆかったのです。たとえば、僕はわりと足が速く、運動会の徒競走でもたいてい一番でした。自分でもそのことを知っていたので、全力疾走というよりも、勝てると思ったときには軽く流していました。「余裕を持って一番になる」ほうがかっこいいと思っていたのです。

そうやってなった一番を、父は認めようとしませんでした。

「自分との戦いだ。自分の全力を出さなければだめだ」

父の言うことはよくわかりましたが、僕には僕の生き方があると思っていました。

一方、母はとても優しい人でした。

「みのるちゃんは、すごいね」

学校の成績を見せても、運動会で一番になっても褒めてくれました。まるごと優しい人でした。人の悪口を言ったり、怒ったところをあまり見たことがありません。それは、体が弱かったからなのかもしれませんが、そもそも弱い人の気持ちがよくわかったのだと思います。

僕が育ったこの家庭は、「貧しい」家庭でした。この貧しい環境から抜け出したいと、僕は医者になろうと思ったのです。

貧しさとはどういうことか。２０２１年の日本にも、貧困問題があります。アフリカの貧しい国のように、その日に食べるものもないという絶対的貧困と違い、日本には、お金を持っている人と持っていない人の格差が大きい相対的貧困があります。そして、子ども7人に1人が相対的貧困の状態にあるといいます。

経済的な格差があると何が起こるのか。経済的に貧しい家庭の子どもは教育を受ける機会が少なく、学歴も低い傾向にあり、収入の高い仕事に就きにくいといわれています。また、困ったことがあっても、まわりの人や相談窓口に相談することができず、孤立する傾向もあります。つまり、経済的な貧しさは、仕事や人とのかかわり、教育などの貧しさに直結していて、なかなかそこから抜け出すことができない、根の深い問題になっているのです。

しかし、僕が育った時代のこの家は、確かに経済的には貧しかったけれど、人とのかかわりは決して貧しくはありませんでした。むしろ、人の往来が多い、「人という資源」には恵まれた家だったのです。

喜んでもらえると自分もうれしい

僕の家は、間貸しをしていました。３部屋くらいしかない狭い家でしたが、そのうちの６畳間を、他人に貸していたのです。独身の男性がいたときもありますし、若い夫婦がいたときもあります。今の時代から考えると、信じられないかもしれません。でも、とにかく、戦後の住宅難で住むところが足りず、すぐにでも住むところがほしいという人と、部屋を貸して収入の足しにしたいという人がいて、間貸しという仕組みが成り立っていました。戦後から10〜15年くらいは、そんな時代でした。

当時の暮らしのいちばんの特徴は、プライバシーがないこと。ふすまや壁の向こうに人の気配をいつも感じながら、暮らしていました。そうすると、今、何をしているのかな、なんか機嫌がよさそうだな、心配ごとがあるのかな……そんなふうに気配を読む力がついてきます。言葉に頼らないコミュニケーション。気配を読む力は、相手の身になるという力につながります。

あるときは、父の故郷である青森から進学のため上京してきた学生さんたちがいました。真面目で実直な父は、「子どもを預けても信頼できる」と、故郷の人から一目置かれていたようです。どういういきさつでそうなったのか覚えていませんが、小学校に上がる前、学生さんが僕に九九を教えてくれました。僕はすぐに覚えてしまいました。ただ暗記するだけではなく、掛け算の意味も理解できるようになりました。「3人がそれぞれ3個ずつみかんを持って集まりました、いまみかんは全部で何個でしょう」、「これが3×3＝9の意味だということがわかっていたのです。何かひとつでも、みんながすべてできないことができるって自信になります。これをきっかけに、僕は算数が好きになりました。

ふだん家の中はこんな調子で、家族も他人もごちゃごちゃしていましたが、母が心臓病でよく入院していた時期には、父は夜遅くまで働いていて、夕食の時間にはほとんどいませんでした。そんなとき、僕はよそのおばさんの家に行って、うちにはなかったテレビを見せてもらっていました。そのうち、台所のほうから包丁でまな板をたたく音や、お鍋がカチャカチャする音が聞こえてきます。おしょうゆの何とも言えない香ばしいにおいや、温かいほわほわした湯気から出汁のにおいもしてきます。カレーのにおいが漂ってきたときは、もうたまりません。

もう帰らなきゃいけない時間だけれど、帰りたくない。自分の家は真っ暗で、一人でいるのは怖いのです。おなかもすきました。

「みのるちゃん、ご飯食べていきなさい」

おばさんがそう言ってくれたときには、飛び上がりたい気持ちでした。

僕は何でも残さずきれいに食べて、「おいしいです、おばさん」「おいしい！」を連発しました。そして、礼儀正しく、「ごちそうさまでした」「ありがとうございました」とお礼を言うことを忘れませんでした。

おばさんの家の人たちは、毎日あたりまえのように食べているので、「おいしい」とも「ありがとう」とも言いません。その食卓で、僕だけがニコニコ、うまい、うまいとご飯を食べています。それを見て、おばさんもとてもうれしそうでした。

このとき、僕は、他人が喜ぶことをすると、自分もうれしくなる、ということに気づきました。おばさんが喜んでくれれば、また次も「ご飯食べていきなさい」と言ってくれるかもしれない。だから、ごちそうになったら「おいしい」と「ありがとう」を忘れないようにしようと思いました。

子どもの僕にとっては、「どうしたら、おばさんがご飯食べていきなさい、と言ってくれるか」を必死に考えてたどり着いた答えでしたが、人と人との関係の基本を外していないと思っています。僕のこの習慣は、大人になってからも続いていて、食堂やレストランで食べたときも、「おいしかったよ」「ごちそうさま」と笑顔で言うようにしています。そのほうがご飯のおいしさも倍増するような気がするのです。

「半分こ」のみかん

当時の僕のうちには自然と多くの人が集まってきていましたが、それは母のおかげだったかもしれません。寡黙で怖い父と違って、母はおしゃべりで、人の世話を焼くのが得意でした。たとえば、バスに乗ると隣の人に話しかけます。誰とでもすぐに仲よくなるのです。

母は、人に対してオープンマインドでした。誰でもいいところがあれば、嫌なところもあります。弱い部分があったり、失敗したり、人に迷惑をかけたりもするけれど、それはその人の一部であって、やさしいところや人が気づかないいいところをちゃんと見つけてあげる懐の深さをもっていたように思います。そして、人間というものをまるごと信頼していました。

僕と母は遺伝的にはつながっていませんが、母のこの特性は引き継いだように思います。誰とでもすぐに仲よくなり、何かをあげたくなり、やっぱり自分を含めた人間というものを基本的に信頼しています。

母はカバンにみかんが入っていたりすると、みかんを半分に割って、初めて会ったバスの座席で隣り合わせただけの人に「これ、後で食べて」と手渡すのです。残りの半分は僕に。

小学校高学年くらいの僕は、こういう母のふるまいがとても恥ずかしいと思っていました。あげるなら一個あげればいいのになと。けれど、母はみかんを僕にも食べさせたい、他の人にも食べさせたい、それが「半分こ」のみかんなのです。

母に対して、親戚の人も、近所の人も、誰一人として悪く言う人がいませんでした。

この母の美徳に気づかされたのは、僕がずいぶん後になってからです。

20年ほど前、あるラジオ番組で、自分の育った街を歩くというコーナーに出演しました。レポーターの女性と僕が、堀之内妙法寺というお寺さん界隈を歩いていたとき、ふいに和菓子屋さんの女将さんに声をかけられました。

「みのるちゃんだね」

僕はもう50歳を過ぎていたので、人から「みのるちゃん」と呼ばれたのは久しぶりです。女将さんの目には、僕は数十年前のままなのでしょう。

「お母さんにはお世話になりました。私が嫁に来てとても寂しい思いをしたり辛い思いをしているとき、いつもお母さんが優しく声をかけてくれたんです。お母さんは偉大な人でしたよ」

偉大な人。ちょっと意外な言葉でした。「やさしい」「親しみやすい」「面倒見がよい」という言葉は浮かんでも、「偉大な」という言葉と母はどうしても結びつけることができませんでした。

しかし、誰に対しても同じように親切にし、困っている人がいればさりげなく声をかける。自分自身は心臓病を抱えてつらいこともあるのに、いつも笑顔をたたえ、人のいいところを見つけて、肯定的な空気をつくる。なんでもないことのようですが、誰にでもできることではありません。和菓子屋の女将さんはそれを「偉大」と表現してくれたのかもしれません。

後に、僕は実の父のことを知りました。ある地方で事業に成功したそうです。晩年糖尿病を患って医療の世話になったので、地域のために役立ちたいと病院に何億円もの寄付をしたと聞きました。これもなかなかできることではありません。

数億円の寄付と、みかん半分。どちらも、誰かのために役立ちたいという気持ちであることは変わりがなく、同じくらい尊いことだと思っています。

本気で父と向き合った日

高校３年生の春、僕は父親と大喧嘩をしました。自由に世界中を飛び回れる人間になりたい、貧乏からも脱出したい、そのためには勉強するしかないと思いました。父に「勉強をしたいから大学に行かせてください」とお願いをしました。すると、父から意外な言葉が返ってきました。

「バカヤロウ、勉強なんかするな！」

父の言い分は、自分は小学校しか出てないけど、誠実に生きればこうやって生きていける、お前も無理をするな、ということでした。でも、それは父の生き方です。僕は無理をしてでも環境を変えたいと思っていました。

高校3年の春から夏にかけてA・J・クローニン（1896～1981）というスコットランドの作家の全集を読み切りました。20巻近くあったと思います。貧乏な人のために生きている医師の話がたくさん出てきました。僕は、父にバカヤロウと怒鳴られて悶々としながら、クローニン全集を読み、自分を見つめ直しました。なぜ大学に行って勉強するのか。はじめは貧乏から脱出したい、自由に生きたい、と自分のことだけを考えていました。けれど、クローニンの小説を読みながら、自分も貧乏だけど、貧乏な人や弱い人のために何かできないだろうかと思うようになりました。

夏休み、もう一度、父に立ち向かいました。大学へ行かせてほしいと泣きながら訴えたのです。今度は、しょうがないなぁと許してくれるかと思ったのですが、そんなに甘くありませんでした。

「バカヤロウ、貧乏人は働けばいいんだ！」

その言葉に、僕はキレてしまいました。なぜ、わかってくれないのか。泣きながら無我夢中で父親の首を絞めてしまいました。もう僕のほうが体は大きくなっていましたが、父親の首を力いっぱい絞めました。

そのとき父が泣き出して、僕ははっと我に返りました。僕はとんでもないことをしている。手の力が緩みました。僕も父も床にへたりこんで泣きました。

しばらく二人で泣いた後、父が言いました。

「大学に行って、そんなに勉強したいのか。お前の好きなように生きろ。けれど、お前には何もしてあげられないぞ。大学に行きたいなら、入学金や授業料も自分の責任でやれ。自分の責任でできるならば、お前はもう自由だ」

その後、父はこう続けました。

「医者になるならば、貧乏な人や弱い人のことを忘れるな」

このとき、僕の生きる目標が決まったのです。

医師になりたいのは、自分がお金持ちになりたいからじゃない、困っている人や弱い人のために自分の力を生かすためだ。

暴力という手段に訴えてしまったことは、50年以上たった今でも悔やんでいます。けれど、あのとき父と本気でぶつかり合ったということは、たしかなものとしてずっと僕を支えています。

大きなリレーのなかで支えられていた

前述のように、僕は37歳のとき初めて自分が養子だったことを知りました。父と母はそれをひた隠しにしてきました。僕を傷つけたくないと思ったのでしょう。

実の父と母が別にいるということを知ったとき、いろんな感情が湧き上がりました。はじめは「捨てられた」と思いましたが、すぐに思い直しました。生きているといろいろなことが起きるのです。実の父も母も、僕を育てられない事情があったのです。そして、人を介して、きちんと育てられる夫婦に僕を託してくれました。

その次に思ったのは、育ててくれた父と母は、なぜ、血のつながりがない僕をわざわざ引き取って育ててくれたのかということでした。しかも、父は経済的に貧しく、母は重い心臓病で、子育てをするのは楽ではなかったはずです。にもかかわらず、僕を大切に育ててくれました。

この世に生まれて、一人の人間として成長していくことはあたりまえのことではありません。実の両親は僕を育てられなかったけれど、代わりに大きな愛情を注いで育ててくれた人がいた。ときどき夕飯を食べさせてくれたおばさんもいた。ほんのちょっとのことでも親切にしてくれた人がいて、僕は生きることができました。

相手の身になって親切にしたりすると、親切にされた人はその恩を他の人にも手渡そうとします。やさしさや善意というのは、人から人へとリレーされていくのです。

たとえば、父が善意で故郷の若者たちを預かったからこそ、学生さんが僕に九九を教えてくれ、そのおかげで僕は算数好きになれた。自分の人生を俯瞰してみると、こうした大きなリレーのなかで支えられていたことに気づきました。

小学校のときの先生の温かい心づかいも、大きなリレーのなかでの出来事でした。夏休み、友だちみんなは海へ行ったり、山へ行ったりしているのに、僕の家は母親が入院をしていてお金がないのでどこにも行けませんでした。楽しみといえば、図書館で本を読むこと。先生は僕の家の事情をよく知っていて、夏休みの前に「鎌田、図書館の本何冊借りていってもいいぞ」と言ってくれました。みんなは一人3冊と決まっていたのに、僕の身になって考えてくれたのです。

僕はうれしくて、夏休みの間、10冊ぐらい借りた本を何度も何度も繰り返し読みました。今から思うと、小説のなかの登場人物の気持ちになったり、物語のなかの状況に身を置いて、僕だったらどう思うだろうか、僕だったらどうするだろうかと考えることが、相手の身になるためのよい練習になったと思います。そして、今、本を書く作家になれたのも、この小学校高学年から中学の間に、図書館の本をたくさん読めたことが関係していると思っています。

父から受けた恩を誰かに渡す

「弱い人や貧しい人のことを忘れない」

父との約束を胸に、僕は医師になってから本気で地域の人のために働きました。病院長を務め、その後、経営責任者も務めました。患者さんも診ていましたが、責任者としての仕事や対外的な会議が多くなってしまい、もっと医療の現場で人を助けたいという思いが強くなっていきました。

そんなとき、チェルノブイリ原発事故で放射線を浴びた子どもたちにがんや白血病が増え、医療を必要としていることを知りました。チェルノブイリ原発事故とは、1986年４月26日、当時ソ連のチェルノブイリで起きた事故。原子炉の点検中に爆発し、大量の放射性物質がまき散らされました。それは風に乗ってウクライナやベラルーシの上空に運ばれ、草原を汚染し、その草を食べた牛を汚染し、その牛の出すミルクを汚染し、さらにそのミルクを飲んだ子どもたちに健康被害をもたらしました。その放射線は風に乗って、日本にも届いています。

がんや白血病になった子どもたちを日本の医療で救うために、日本チェルノブイリ連帯基金（ＪＣＦ）というＮＰＯをつくりました。その活動資金には、僕が本を書いて得た印税や、テレビのコマーシャルに出演したときの出演料をあてました。

寄付も募りました。一番はじめに匿名の方から10万円の寄付があったと聞き、うれしくてその寄付者の名前を調べてみると、なんと、父でした。

父は自分から「寄付したぞ」なんて言いません。黙っていいことをする、決して自慢話はしない。父らしいなと思いました。何も言わなかったけれど、僕が困っている子どもたちを助けるために活動を始めたことを誇りに思ってくれたのかもしれません。そして、僕は僕で、チェルノブイリの子どもを救うという、他人のために力を尽くすことの喜びを父に知ってもらうことができ、少しは親孝行ができたかなと思いました。

ＪＣＦでは、日本から医師団を１００回以上派遣し、小児がんを発症した子どもたちの治療にあたりました。僕自身も何度もベラルーシを訪ね、放射線で汚染された食べ物からどう身を守るか、行政の取り組みなども聞きました。このときの経験は、2011年東日本大震災に伴う福島第一原発事故で、福島の人々が長期間の避難生活を余儀なくされたときに、とても役立ちました。見えない放射線への不安と恐怖のなかで、小さな子どもを育てている母親たちと対話したり、外で遊ぶことができない福島の子どもたちを長野県に招いて、自然のなかで思いっきり遊んでもらうこともしました。チェルノブイリでの活動を始めたころは、まさか福島で役立つなんて想像もしていなかったけれど、世界で起きていることを、自分の問題として考えることが大事なのだと実感できました。

2003年にイラク戦争が始まると、戦争で傷ついたイラクの子どもたちの医療支援も始めました。2つのNPOの活動費は、年間2億5000万円にも上るようになりました。この活動費の多くは、たくさんの個人や企業からの寄付によって支えられています。たとえば、ジャズミュージシャンの坂田明さんは、「ひまわり」というCDを出し、その売上を寄付してくれました。健康食品を発売し、その収益を寄付してくれた寒天メーカーもあります。自分ファーストでお金儲けばかり考えている人は、そのお金目当ての人しか近づいてきませんが、いいことをしていると、必ず理解を示し、協力してくれる人が出てくるのです。

こうした活動は、意外な形で評価されました。イラクの子どもを救っているということで、ベストファーザー賞という賞をいただいたのです。血のつながりのない夫婦に育ててもらった恩を、チェルノブイリやイラクの子どもたちに渡してきたことが、評価されたのだと自分では思っています。

恩返しではなく、「恩送り」という言葉があるそうです。よくしてもらった人にお返しするのではなく、別の誰かにお返ししていく。その人もまた別の誰かにお返しし、善意のリレーが次々とつながっていくのです。

人間は生まれてからずっと、その大きなリレーのなかで支えられている。延々と続くそのリレーのなかで、誰かからバトンを受け、そのバトンを誰かに渡す、そんなことを繰り返しながら命の責任を果たしているのだ、と僕は思っています。

第2章

新しい世界への扉は目の前の相手のなかに

気になるのは、相手なのか自分なのか

「相手の身になる」という言葉とよく似ているけれど、まったく意味の違う言葉があります。「相手の顔色をうかがう」という言葉です。

「相手の顔色をうかがう」というのは、相手の機嫌や心理状態を推測するということ。「相手の身になる」といちばん異なるところは、関心の対象です。「相手の顔色をうかがう」は、相手がどう思っているのかということよりも、自分はどう思われているのかということのほうが大事です。

たとえば、テストで赤点をとってしまったとき。君はこのテストをお母さんに見せなければなりません。少しでも怒られないように、お母さんの機嫌がよさそうなタイミングを見はからいます。機嫌をよくしてもらおうと、ふだんはしないお手伝いをするかもしれません。そうやって少しでも「いい子」に見せておいて、赤点のダメージを最小限に食い止めようとする。これが「相手の顔色をうかがう」ということです。

相手の顔色ばかりうかがっていると、相手から嫌われないようにするあまり、自分がやりたくないこともやってしまうことになります。相手が望むことが第一優先になって、自分の考えやしたいことは二の次になってしまうので、自分のなかに不満を抱え込んでしまうことにもなるのです。そして、結局、相手の望むことに従うために、自分で自分の行動に責任をもつことができず、失敗したら相手のせいにしてしまうのです。

「空気を読む」という言葉もあります。これも「相手の顔色をうかがう」に似た言葉ですが、相手は一人ではなく、集団であったり、もっと漠然としたものだったりします。何となくその場を流れる空気に従ったほうが、事を荒立てずに済むことってありますよね。日本人は、重大な決断をするときにも、この「空気を読む」という力を駆使して、責任を逃れてきた過去があります。第二次大戦中、敗戦がわかっているのになかなか戦争をやめることができなかったのは、空気という正体のないものを読み合って、誰も決断できなかったためといわれています。今も、本当は反対したいけれど、空気を読んで何も言いだせなかったということが多くあります。僕は、空気は読んでもいいけれど、空気に支配されたり流されたりするのはよくないと思い、『空気は読まない』（集英社）という本を書きました。

「相手の顔色をうかがう」では、自分のことばかり気にして、本当は相手のことを知ろうとしていませんが、「空気を読む」では、この相手さえあいまいであり、自分の心にも誠実ではありません。

では、「相手の身になる」とはどういうことなのでしょうか。相手の立場になって考え、どのように感じ、どのように考えるか、相手と自分の共通点や違う点を見つけていくことだと僕は思っています。

人のいい面を見つけて好きになる

12歳で亡くなった米野嘉朗君のことを書きます。通称よし君。生まれたときから原発性免疫不全という病気がありました。そのため、かぜやインフルエンザなどの感染症に人より注意しなければなりませんでした。彼は、再発性多発性軟骨炎という骨の病気にもなり、自由に歩いたり走ったりすることができませんでした。もっと自由にいろんなことをしたい。そんな思いを素直に詩に書きました。

僕のしたいこと
歩きたい
走りたい
学校に行きたい
友だちといっぱい遊びたい
お腹いっぱい食べたい
元気になりたい
吉本見に行きたい
沖縄に行きたい
今の僕にはしたいことが山ほどある
あとどれだけ頑張ればできるようになるかな？

だれか教えてほしい

彼の詩は、メイク・ア・ウィッシュ・オブ・ジャパンという子どもの夢を達成させようとするNPOとお寺さんの応援で、『いつかぼくもビーズになる!』(東方出版)という詩集にまとまりました。この詩集に言葉を添えてほしいと、お母さんから頼まれました。生きている彼には会うことはできなかったけれど、彼の遺した詩からどんなことを思っていたのか感じとることができます。

大阪生まれで大阪育ちの彼は、こんな詩も遺しています。

何で病気やねん
神様は生まれてくる時
大切な贈り物をくれる
ぼくには病気っていう大切な贈り物をくれた
いやだった

すごくいやだった
そんなものはいらんと思って
ものすごくつらかった
ものすごくかなしかった
でもちょっと考えてみた
病気と闘っている間に
たくさんの宝物を手に入れた
思いやり
人の温かさ 命の大切さ
笑顔の大切さ
出会いの大切さ……

そんなたくさんの宝物を
僕はいつまでも

大切にしていきたい

よし君の詩を読んでいると、過酷な運命さえも「宝物」として受け入れようとする姿が伝わってきます。そう思えたのは、きっと周りの友だちがやさしく、思いやりを示してくれたから、彼は救われたのではないでしょうか。人間は不完全な存在。でも、そんな人間に対しても、閉ざすことなく、温かなまなざしを向けているのがわかります。

その人のいいところを見つけると気持ちが楽になる。
その人の嫌なところを見つけると気持ちがつらくなる。
どんどんつらくなる。

どんな人もいいところと悪いところがある。
いいところをいっぱい見つけて好きになりたい。

毎日楽しくすごしたい。
みんながみんなのいいところを見つけあえたらいいのになあ……

僕たちは、よし君のように人のいいところを見つけようとする姿勢を忘れがちです。いいところより先に、いやなところが目について、「アイツは嫌い」「もう付き合わない」とすぐに結論を出してしまうこともあります。それもたった一回のすれ違いで。けれど、じっくり相手の身になって考えれば、いやなところに思えたことも、違った見え方がしてくるかもしれません。

相手の身になるということは、相手に対して開いているという状態です。よし君は、病気のために自由に出かけたり、旅行にいったりすることは難しかったけれど、相手に対して開いていることで、いつでも未知なるものに触れ合いたいという好奇心はたくさん持っていたように感じます。言い換えれば、相手に対して閉じてしまうことは、自分の知らない世界につながる扉を、自分で閉ざしてしまうことになるのです。

困っている人のところに飛んでいく看護師

相手に対して開いている人は、自分のまわりの人たちや社会にも開いています。目の前で困っている人がいたら、何とかして助けたいと思うのです。

２０２０年４月下旬、札幌市の老人保健施設で、新型コロナウイルスの大規模なクラスター（集団感染）が発生しました。

感染した高齢者をほかの病院に移したくても、受け入れる余裕がある病院がありません。現場でケアにあたる看護師も、感染したり、濃厚接触者となって現場に出ることもできません。このままでは新型コロナに感染した高齢者は重症化して命が危ない。感染していない高齢者も十分なお世話が受けられず、いずれ衰弱していく。どうか助けてほしい。

施設から悲痛な叫びが発信されました。

このＳＯＳに、すぐに行動を起こした人がいました。看護師になって約20年の金澤絵里さんです。

「孤立無援になっている施設の入所者の方や介護士の方の身になって考えると、どうやって看ているのか、とても心配になりました。看護師はほとんどおらず、介護職員だけで100人近くの入所者をいったい、どうやって看ているのか、と」

急いで準備をして、施設に駆けつけたのは5月初旬。

現場はかなり厳しいだろうと覚悟を決めて入ったものの、現場は想像以上の壮絶さでした。

初日に、いきなり酸素吸入をしている高齢者の容態が悪化しました。点滴を準備している間にも急速に悪くなり、そのまま亡くなりました。

1階には陰性の人が約40人、2階には陽性の人が約50人。金澤さんと同じように施設のSOSに応じて支援に入った看護師4人が、主に陽性の2階フロアを担当することになりました。4人とはいっても、日勤、夜勤、休みなどのシフトを分けると、2人いればいいほう、ほとんど一人で50人をケアしなければなりませんでした。

「このままみんな亡くなっていくのではないか」

肺炎が悪化しても転院先が見つからないなか、入所者が次々と亡くなっていきます。恐怖と不安も感じました。

一緒に働く看護師たちと気持ちを分かち合いたくても、感染を防ぐために会って話すこともできません。宿泊所になっていた同じホテルのそれぞれの部屋にこもり、勤務中はマスクからのぞく目だけで、言葉にならない言葉を伝え合いました。

「入所者の方にとっても、感染を防ぐためとはいえ、家族にも会えないんです。こちらもできるだけの看護にあたりましたが、見ず知らずの看護師に看取られて亡くなるのかと思うと気の毒で……」

「入所者さんたちは見捨てられたんだ」という介護スタッフとともに、悔しさと申し訳なさから、泣きながら看取ったこともあったといいます。

結局、6月末までの2か月間で、金澤さんは5人の入所者を看取りました。

施設全体では、クラスターの収束まで、入所者95人のうち71人が感染。看護師ら職員も21人感染。最終的には、この施設から17人が亡くなるという大変な事態となりました。

できない理由ではなく、できる理由を

「孤立している施設が今すぐ助けを求めている。人手が足りず、誰かが行かなければならないなら、私が行こうと思いましたし、そのときの自分の状態を考えて、行けると思いました」

すぐに支援に駆けつけた金澤さんは、発想がとても前向きです。クラスターが発生した過酷な現場となれば、誰だってちょっとは二の足を踏みます。私じゃなくてもいいんじゃないか、きっと誰かが行くだろうと考えたり、仕事や家族のことなど、行かなくてもよい条件や理由を数えたりします。しかし、金澤さんは、行けるという条件を一つひとつ確認することから始めました。

「まずは、なんといっても私の健康状態です。今は支援に入れる状態か？　と自問して、よし、健康。じゃあ、私は行ける」

仕事のことも考えました。当時、彼女は厚生労働省の臨時職員として、海外からの

帰国者がＰＣＲ検査を受けた後の待機所であるホテルで働いていました。札幌の施設の状況を説明すると、「ここは人が足りているから、札幌の施設に行ってあげてください」と許可をもらうことができました。これも「行ける」という条件になりました。

さらに、感染から身を守るために、Ｎ95という医療用マスクやガウン、フェイスシールドなどの医療資材がそろっているかを確認しました。札幌市から、資材は整っているという返事がありました。

「最も感染のリスクが高いのはガウンを脱ぐときですが、私が扱いに気をつけることで感染リスクを低くすることができます。それでもリスクはゼロではないけれど、資材がしっかりと準備されていると聞いたので、私のなかで、行くという条件がそろいました」

なるほどな、と思いました。支援をするときには、熱い思いばかりが先走るけれど、それでは長続きしません。結局、中途半端に現地に入り、かえって周囲に迷惑をかけてしまうこともあるのです。この点、金澤さんは冷静でした。「相手の身になる」だけじゃなくて、きちんと「自分の身になって」、支援に入るかどうか判断をしていたのです。

実は、金澤さんと僕とは過去に接点がありました。僕が代表をしているＪＩＭ－ＮＥＴのイラク駐在の、元スタッフだったのです。２０１８年から1年間、アルビルの小児がん病院で感染症対策の指導にあたりました。テロ組織ＩＳによって荒廃したイラクで、小児がんの子どもたちの支援のために、現地で働いてくれていたのです。

クラスターが発生した施設に支援に入った看護師さんがいると聞き、実情を聞きたいと思って連絡をしたところ、金澤さんであることがわかり驚きました。今どんなことをしているの、と話を聞いていくと、イラク駐在を1年間務めた前後には、アフリカのガーナに医療ボランティアに行ったり、東日本大震災や熊本地震など被災地へと飛んでいったり、国内外でボランティア活動をしてきたとのこと。ふだんは、日本各地で看護師として働きながら、災害などが発生すると、困っている人のところにすぐ飛んでいくという生活を続けてきました。

今回の新型コロナウイルスのクラスターが発生した施設へ支援に入ったのも、彼女にとっては自然な流れだったのかもしれません。

東日本大震災の光景を見て

金澤さんが看護師になったのは、看護師をしていた母親の影響だったといいます。自分の仕事に誇りをもって働いている姿にあこがれをもちました。けれども、子どものころは夜勤で帰ってこない母親は嫌だと思い、違う道に進むことを決意し商業高校に進学しましたが、1年の中間テストで簿記の問題を解きながら、気がつきます。

「これは私には向いていない。興味のもてることでもない!」

すぐに担任の先生にこう宣言しました。

「看護師になりたいので、進路変更させてください」

先生はさぞ驚いたでしょう。でも、教師にも恵まれました。商業高校では普通科目の時間が少なかったため、先生が放課後、勉強を教えてくれたのです。両親もこの決断を喜んでくれ、塾にも通わせてくれました。

そうやって念願の看護学校で学び、看護師となった金澤さん。秋田県内の総合病院に勤務し、先輩看護師や医師に「根気よく、丁寧に育てていただきました」と感謝の気持ちを今も忘れていません。自分をステップアップさせたいと、手術室への異動を志願したこともありました。目標が定まったら、すぐに行動に移し努力する。そのひたむきな姿勢に、先輩たちも応援したくなってしまうのでしょう。

28歳のとき、自分自身で転機をつくりました。

「アメリカで看護師になりたい！」そう決意すると、ラジオの語学講座で英語のレッスン。当時、人気だった海外医療ドラマの影響もあって、日本とアメリカの医療の違いを学びたいと思ったといいます。語学学校で学びながら、アメリカの看護師資格に合格。せっかくアメリカに行ったのに、日本人同士で頼ってしまうのは勉強にならないと、自分を追い込んで、日本人が少ないシカゴへ拠点を移しました。

「アメリカでは、日本ではあまり体験しないような差別や盗難など嫌なこともありましたが、一方で人のやさしさも身に沁みました。あるとき、体調を崩して病院から泣きそうになりながら帰ると、よく知らない人がやさしい言葉をかけてくれたんです」

しかし、そんなアメリカも、貧しい人はまともな医療が受けられないという現実に、このままアメリカに居続けることに疑問を抱くように。

たまたま日本にいる妹の出産を手伝おうと、一時帰国をしました。実家のある秋田で、震度5強の大揺れを体験。2011年3月の東日本大震災でした。各地の状況が映し出されるテレビを食い入るように見る彼女。津波の濁流が迫り、家や車を飲み込んでいく。住むところも家族も亡くして途方に暮れる人たち。被害の深刻さが明らかになっていくなかで、彼女はこれまで助けてくれた人たちを考えていました。

「これまで、アメリカで最先端のことを学ぼうとがんばってきたけれど、これからは困っている人のために働こう」

「自分」がないと人を支援することはできない

金澤さんは、支援に入るときに心がけていることがあります。それは、現場の人をリスペクトすることです。

支援に入る側と、入られる側は、教える側、教えられる側という関係が生まれやすくなります。そうではなく金澤さんは、現場の人のこれまでの苦労をねぎらった上で、よく観察し、話を聞き、どういうことを求めているのかを探っていきます。まさに「相手の身になる」ことを実践しています。

「たとえば札幌の施設では、上から介護士さんを指導するというのでなく、まずこれまで孤軍奮闘で入所者をケアしてきたことに敬意を示します。そして、コミュニケーションをとりながら、何を求められているのか自分の立ち位置を考えます。現場の人と気持ちややり方に隔たりがあるとすれば、私のほうが思い上がっているのです」

そして、こんなことも言いました。

「私がいろいろな支援に入るのは、感謝してもらいたいからというわけではありません。まず、自分が支援したい、この現場で学びたいという思いだけなんです。今回の札幌の施設も同じです」

ちょっと意外な言葉かもしれませんが、僕はこの言葉に深く共感しました。

「相手の身になる」「人のために支援する」というと、相手のいいなりになることと勘違いされがちです。けれど、自分というものがないのに、人のために支援しようと思っても、何となく胡散臭い人と思われて、人からは信用されません。やはり、自分の興味があることややりたいことがあり、その興味ややりたいことをかなえていくために支援するということが大事なことだと思います。

「私は、自分がやりたいという思いをまっすぐ正直に進めているだけ。その結果、支援に入っていろいろな体験をすると、もっと学びたいことが増えていく。学んで自分にできることが増えれば、さらに支援に入って、役立ててもらいたいと思うんです」

相手の身になってよく考えれば、相手が欲しているものが見えてくるし、そのために自分が何を学ぶべきかという目標も見えてきます。これがもし、自分のことだけを考えていたら、まわりの人が困っている状況が見えてこなかったに違いありません。

人を支援する日々を過ごすなかで、彼女を奮い立たせていたものは、いったい何なのでしょうか。

「自分がやっていることは正しいこと、と信じることです。たとえば、開発途上国では感染症や貧困などで、大切な命が奪われていく。そんな理不尽なことは見過ごしてはいけない。日本では、医療従事者が差別や偏見にさらされ、辞めていく人も多いと聞きますが、何を言われても信念をもつことが大切だと思っています」

この経験を生かし、２０２０年８月中旬には、水害で大きな被害を受けた熊本県人吉市に支援に入りました。県外から支援者が入ることで、避難所に新型コロナの感染が広がらないよう、自腹でウィークリーマンションを借り、２週間の自主隔離期間を経ての現場入りでした。

相手を思いやると幸せになるホルモンが

他人のために自分の力を惜しみなく注ごうとする人は、いつも生き生きとしています。おそらく誰かの役に立っているということが、幸せにしているでしょう。

幸せホルモンの一つに、オキシトシンがあります。オキシトシンは人に思いやりを示したり、親切にしたり、誰かのためにと思うことで分泌されるため、絆をつくってくれるホルモンともいわれています。人間関係を豊かにする作用があります。

特に親しい人とハグしたり、手をつないだり、スキンシップをとることでオキシトシンは分泌されます。大好きな犬や猫をなでてあげたりするときも、幸せな気分になるのはオキシトシンの作用です。オキシトシンが出ると、不安や恐怖心が減り、心が癒されストレスが緩和します。他者への信頼の気持ちも増します。学習意欲が増したり、記憶力が向上したりするともいわれています。

オキシトシンは薬として抽出され、スプレー薬にもなっています。相手の気持ちを読むのが苦手といわれる自閉症の人にこのオキシトシンスプレーを使うと、人間関係が豊かになったりするという論文も出ています。

相手の身になり、そのためにもっと学びたいと思うのは、このオキシトシンがいい作用をもたらしている可能性があります。ただ有名高校や有名大学に入りたいと思う人より、有名高校や有名大学に入ってその後人のために役立つ人間になりたいという人のほうが、オキシトシンが分泌されやすく幸せを感じやすい。人間にはこんな不思議な仕掛けがされているのです。

人のまねをして学び共感する

相手の身になるということは、学ぶことと深い関係があるのではないか、と僕は考えています。「学ぶ」の始まりは、「まねる」こと。人は人のまねをして、学んでいくという習性があるからです。

人間の赤ちゃんは生後半年くらいすると、人のまねをします。目の前でベロベロバーと舌を出してみてください。赤ちゃんも舌を出すしぐさをするはずです。これは、脳のミラーニューロンがきちんと機能するようになってきた証拠です。

ミラーニューロンというのは、自分が行為を実行するときにも、他者が同様の行為をするのを観察するときにも活動する神経細胞です。つまり、人のまねをして学んでいくのはこのミラーニューロンのおかげといってもいいでしょう。ただ形や動きをまねするだけでなく、どうしてその形や動きをするのか意図や意味を理解して、自分の体で再現するのです。

ミラーニューロンは、脳の広範囲に密接な連絡経路があることがわかっています。その一つである扁桃体《へんとうたい》は、危険を察知したり、仲間であることを認識したり、情動反応を司っています。子どもは一人が泣き出すと、ほかの子どもも泣き出します。一人が「おいしいね」と言うと、ほかの子どもたちも「おいしいね」と同じことを言います。こんなふうに同じことをしながら、共感をもって、仲間意識を育てていくといわれています。だから、人が学んで成長していく上で、相手の存在は欠かせないのです。そして何を学ぶか、どうして学びたいかという目的や動機づけを強くするのも、多くの場合、他者とのかかわりのなかで発見できるものなのです。

学んだことを人のために生かす

金澤さんは、看護師として働いたり、ボランティアをしながら、常に学ぶことを忘れていません。

ガーナから帰国後、開発途上国で必要になる感染症の知識を学ぶため、タイのマヒドン大学の公衆衛生学部に入学、１年で修士号を取りました。新型コロナのパンデミックで緊急帰国するまでは、バングラデシュの首都ダッカで、既存の病院を増設するプロジェクトに参加。看護部の立ち上げに副看護部長としてプロジェクトを引っ張ってきました。２０１９年の春からは、オンラインコースでアメリカの大学のＭＢＡ取得を目指しています。

「看護師がなぜＭＢＡなのと不思議に思われるかもしれませんが、公衆衛生でマネジメントに関して学び、どんな組織やプロジェクトもマネジメントがしっかりしてないとベストなパフォーマンスは発揮できないと思いました。看護師の分野にとどまらず、広い知識を得たいと思ったのです」

こうした新しいことにチャレンジするときに作用しているのが、ドーパミンというホルモンです。ドーパミンは、あるタスクをやり遂げると、やったあ！　という達成感で幸せな気持ちにしてくれます。報酬系という快感ホルモンです。誰だって、努力をしていい点を取るとうれしくて、もっと勉強しようという力が湧いてきます。

金澤さんはオキシトシンだけでなく、ドーパミンも上手に利用しながら、スキルアップをし、そのスキルをよりダイナミックに誰かのために役立てようとしています。

今後の活動について聞いてみると、開発途上国の支援を中心に考えているとのことですが、具体的なことは決めていないといいます。

「子どものころから、人と同じようにふるまおうとは考えませんでした。自分は自分。違う考えなのに無理して輪の中に入らなくてもいいと思っていました。困っている人がいれば、みんな違うことをしながら、助け合い、学びあっていけたらと思います」

世界中に視野を広げ、一匹狼のような身軽さで、ヒョイっと飛んでいく。その実行力には拍手喝采を送りたいと思います。

ヒントは自分と他者の間にある

僕たちが暮らす社会を、安全で平和にするには、貧困や貧富の差、教育、差別、環境汚染など、さまざまな共通課題を解決していく必要があります。

スウェーデンの環境活動家のグレタ・トゥーンベリさんは15歳のとき、温暖化による気候変動を防ぐため学校ストライキを始めました。18歳になった今も、10年先、20年先の地球で生きていくすべての人々のために、地球環境を残さなければいけないと考えて活動をしています。

パキスタンのマララ・ユスフザイさんも、11歳のとき、女の子が教育を受けられないことに対して厳しい発言をしました。その後、15歳のときに、イスラム教過激派に乗っていたスクールバスが襲撃され、九死に一生を得ました。

「一人の子ども、一人の教師、一冊の本、そして一本のペンが、世界を変えられるのです。教育以外に解決策はありません。教育こそ最優先です」

彼女の国連での演説に、僕は心を打たれました。２０１４年、最年少でノーベル平和賞が与えられました。

世界中で十分な教育を受けられない子どもは、６１００万人いるといわれています。マララさんは、すべての子どもが教育を受けられる社会を実現するために、今も活動しています。

若い二人の活動家が、なぜこうした社会問題に取り組もうとしたのでしょうか。それは、人から「これをやりなさい」と押しつけられた課題ではありません。今、世界中の人が抱えている問題を、自分の問題として考えることができたからです。その自分の問題として気づくためには、相手の身になることが大切です。

マララさんは、教育を受けられない子どもの身になって考えました。グレタさんは、20年後、地球温暖化で海水面が上昇し、国を失った子どものことを考えました。

相手の身になることは、相手を通して、自分も含めた社会が抱える問題に気づくことでもあります。そして、その問題を解決していくことで、新たな世界へと成長していくことができるのです。

第3章　社会を回しているもうひとつの仕組み

私が当事者に！

目の前に困っている人がいたら、君はどうしますか？

直観的に、「何かできることがあれば、手助けしたい」と思っても、その後、少し冷静になって、「誰かがやってくれるかもしれない」「私がしなくてもいいんじゃないか」そんなブレーキが働いて、結局、何も行動を起こせないことがあります。

人に言われたからするのではなく、自分から行動を起こすにはいくつかハードルを越えないといけません。相手の身になることができれば、このハードルを飛び越える勇気が湧いてきます。

２０１８年７月、台風７号と梅雨前線の影響で、北海道で大雨を降らせた後、太平洋高気圧が南下し、九州、西日本に記録的な大雨を降らせました。のちに「平成30年７月豪雨災害」と名付けられたこの災害は、西日本に甚大な被害をもたらします。岡山県総社市と倉敷市真備《まび》町では多い時で７０００人以上が避難する事態になりました。

当時、総社高校の1年生だった光籏郁海《こうばたいくみ》さんは、一部の地域に避難勧告が発令されるなか、市街の中心部にある親戚の家に避難。やむ気配のない大雨に、恐怖を抱いたといいます。

一夜を明かし、翌朝無事に自宅に戻ってきて、被害の様子を報じるテレビニュースを見た光籏さんは、えっ、と自分の目を疑いました。テレビに映し出されていたのは、自分の住む総社市のことだったからです。高梁川《たかはし》の水位が上がり、道路や田畑が浸水、濁った水がよく知っているはずの風景を覆いつくしていました。そのうえ、浸水したアルミ工場が爆発し、炉で溶かされたアルミニウムが飛び散って、近隣の住宅で火災が発生するという大惨事も発生しました。

「ふだんテレビのなかのことは他人事だと思っていたんですが、よく知っている自分たちの地域のことがテレビのなかで報じられていて、今、私たちが当事者になっていると初めて気づきました」

他人事から当事者へ。この視点の転換がとても大切なところです。相手の身になったとき、相手が抱える問題を自分の問題として考えることができるかどうかも、この視点の転換です。

高校のクラスのＬＩＮＥを開くと、友人たちが続々と近況を送ってきました。

「高梁川がヤバイらしい」「昨夜の工場の爆発はすごかったみたい」

興奮ぎみに送信してくる友人たち。細かい状況はわからないけど、とにかく無事であることにひとまずほっとしました。しかし、２人の友人からなかなか返信がありません。浸水の被害が深刻な真備町に住む友人と、アルミ工場のすぐ近くに住む友人でした。

「これは大変なことが起きているんじゃないか?」

友人たちの身になって考えると、「今すぐにできることはないか」という思いが強くなっていきました。それぞれがお互いの様子を確認しあうなかで、勇気を出して行動を起こしたのが、光籏さんだったのです。

光籏さんは、大雨特別警報が解除されたばかりの７月７日午後４時ごろ、総社市の片岡聡一市長に次のようなダイレクトメールを送りました。

『片岡さん突然失礼します。これをみる暇はないかもしれませんけど……。

私たち高校生に何かできることはありませんか？　配給の手伝いなどはできませんか？　何かできるかもしれないのに家で待機しているだけというのはとてもつらいです。子どもだから、できることは少ないかもしれないです。でも、ほんの少しでもできることはないですか？』

市長からすぐに返事がありました。

『あるとも。すぐに総社市役所に来て手伝ってほしい』

その返事にこたえて、光籏さんは近くに住む友人やツイッターで呼びかけた高校生と共に市役所に駆けつけました。集まった高校生は約50人。すぐに市長から指示されて、避難所でパンやお弁当を配る手伝いをしました。

「まさか市長さんがこんなに早く返事をくれるとは思っていなかったので、びっくりしました。いちばんうれしかったのは、私たち高校生を信用してくれた、ということ。被災している人だけでなくて、被災していない人のことも考えていただいたんだと思いました」

高校生たちが「怒り」を「感謝」に変えた

一方、メールを受け取った片岡市長は、『すぐ市役所に来てください』と返信したものの、特別にプランがあったわけではありませんでした。ところが、知らぬところでこの返信が拡散され、高校生たちの行動を引き出します。市役所に50人の高校生が「総社市を何とか助けたい」と駆けつけてきたとき、「一筋の光」を見たと市長は語っています。

翌7月8日、片岡市長の想像を超える〝事件〟が起こりました。早朝6時、市長は、市庁舎2階の災害対策本部から市庁舎前広場を見下ろすと、黒山の人だかりができているのを見て、愕然としました。

「ついに暴動が起きてしまったか」

災害の責任問題や保証について、詰め寄る市民たちが押し寄せたと思ったのです。とにかく彼らと対話しなければ、と覚悟を決めて広場へと降りていくと、そこに集まっていたのは高校生たちでした。

「何か手伝わせてください」

「総社市を助けたいんです」

前日のメールを、ある男子高校生が拡散し、約７００人の総社高校、総社南高校、さらに市外からの高校生も集まっていたのです。

片岡市長は、このときの心情をこんなふうに語っています。

「彼らの心意気に泣けた。この子たちを抱きしめたいと思った……」

ここから、総社市の復興は始まりました。総社市はバスを20台チャーターし、高校生たちは被災地域へ入りました。市長も一緒に現場に赴くと、市長に気づいた市民から罵声が飛んできました。

「どうしてくれる、こんなになってしまって」

「国道をかさ上げしてくれと言ったのに」

「もうこんなとこには住めん」

高校生たちは、そうした罵声を浴びせかけてきた人の家にも、何の迷いもなく入り、泥かきに汗を流しました。泥水を吸った畳を6人でようやく持ち上げては運び出し、泥にまみれたタンスも救出しました。泥の中から思い出のアルバムをかき出した高校生もいました。

高校生ボランティアは、次の日も次の日も集まりました。最初の4日間だけで1700人以上が集まったといわれています。

「何かのきっかけさえあれば、多くの人が行動を起こしてくれる。〝誰かのために何かをしたい〟という人が、こんなにもたくさんいるなんて」

一通のメールできっかけをつくった光籏さんは、驚きとともに責任のようなものさえ感じたといいます。災害対策で奔走する市役所の方たちに、余計な負担をかけたのではないか、と。

水害の後、気温は連日30度以上。7月の厳しい日差しと高い湿度のなか、市役所の玄関に集まり、バスで現場に入り、泥かきに明け暮れました。熱中症の危険もあるなかでの作業でした。

そのときの市長のツイッターです。

『総社市復興に千人の高校生が立ち上がったこと。凄いこと。彼らに総社市の未来を託せる』

『高校生ボランティアチームの泥んこの頑張りによって、こうして被災地の瓦礫が整理されました。地域の方々は感激しています。泥んこを洗濯してくださるご家族の方、申し訳ございません。でも、本当にありがとうございます』

夏休みになると、こうした高校生たちの姿を見た中学生や小学生が、次第に支援の輪に加わり始めました。

子どもたちが頼もしく変わっていくなかで、大人たちにも変化が起こり始めました。「どうしてくれるんだ」と罵声を浴びせていた住民たちが、「ありがとう」と感謝の言葉を口にするように変わっていったのです。

思いが循環する「恩送り」

地震や水害など災害が発生すると、全国から多くの支援物資が集まります。しかし、多くのものが集まれば集まるほど、それを仕分けして、管理する人、さらにその支援物資を必要な人に届ける仕組みというのが必要になってきます。

総社市では、全国からの支援物資を断らずにすべて受け入れました。多くの衣類や食品、水、ブルーシート、赤ちゃんのおむつ、生活用品などが続々と寄せられました。それを被災した市民に届ける方法として、全国初のフリーマーケット方式を採用しました。たとえば、全国から送られた子どもの衣服。この膨大な量の子ども服を、シャツやズボン、スカートなど、サイズや男女別に仕分けして、そこから気に入ったものを持っていってもらうことにしたのです。通常のフリーマーケットと違い、代金はフリー（無料）。行政から一方的に配布するというのではなく、被災した人自身が選べるので、本当に必要なものが届くという仕組みです。同時に、フリーマーケットの会場に、スポーツ飲料水や缶詰など、不足気味の物資などを掲示して、寄付を促すこともしました。とてもいいアイデアです。光籏さんたち高校生は、この仕組みの要《かなめ》である、支援物資の仕分けと整理、受付などを担当し、フリーマーケットの運営に積極的に協力したのです。

「ありがたい、助かりました」と言って、物資を受け取る人の笑顔。そして、「ぜひ、役に立ててください」と物資を届けてくれた人たち、それぞれの思いです。経済的に余裕があるとはいえない外国人労働者も、「市役所の方にとてもお世話になったから」と言って、支援物資を届けに来てくれました。なかには、わざわざやってきたパリ在住のフランス人もいました。西日本豪雨のことを知り、困っているだろうから、と気負うこともなく話す様子に、驚かされたといいます。

特に多かったのが、各地で地震や水害などが起こったとき、総社市やほかの自治体から支援を受けたという全国の人たちからの支援でした。

「震災を体験して、たくさんの人に助けられたので、今度は私が助ける番です」

2016年に発生した熊本地震の被災者からは、「地震で家が壊れてしまい、まだ完全に家が出来上がっているわけでないけれど、自分たちも助けられたので」と語る人もいました。総社市とは関係なくても、人の支援がうれしかったから恩返しをしたいという人のなんと多いことか。

物資を届けてくれた人や、それを受け取る人に会い、両者が対面する場面にも立ち合いながら、光籏さんは考えました。

「こういう人と人との支え合いを、どんな言葉で表現したらいいんだろう」

最初に思い浮かんだのは、「恩」という言葉。それから、人から人へと巡っていくということから「循環」という言葉も。そのあたりの言葉を探すうち、「恩送り」という言葉に初めて出合ったといいます。

「恩送り」、いい言葉ですよね。僕も好きな言葉で、第1章にも書きました。まさか高校生からこんな珍しい言葉を聞くとは思いませんでした。恩を受けたら、その恩を別の人に返していくという意味。英語では「ペイ・イット・フォワード」という言葉があるように、こうした考え方は世界的に広がっています。

やさしさは連鎖する

恩送り、僕は「やさしさの連鎖」とも呼んでいます。支援活動をしていると、この連鎖によく巻き込まれます。とても幸せなハプニングです。

数年前、イラクの難民キャンプに、子どもたちを診察しに行ったときのことです。難民キャンプには食べるものもほとんどないだろうから、何か食料を持っていこうということになりました。ちょうど日本から持ってきた乾麺がありました。これにスープを合わせて、アラビア風ラーメンみたいにしたら、温かくて、おいしくて、おなかいっぱいになるだろう。一人のスタッフのアイデアに、みんな賛成しました。

そこで、難民キャンプに入る前日、町の食堂にスープだけ買い出しに行きました。すると、店主がいぶかしげな顔でこう聞くのです。

「日本人がなんでスープだけ欲しいのか？」

僕たちは明日、病気の子どもたちの診察をしに難民キャンプに行く、そこで炊き出しをするためにスープが欲しい、と説明しました。

店主は、しばらく考え込んでこう言いました。

「日本人がイラクに来て、病気の子どもたちを助けているという話は聞いていた。あんたたちがそうなのか」

そして、僕たちに食べていきなさいと、たくさん料理を出してくれました。

翌日、約束のスープを売ってもらうため、再び食堂を訪ねました。店主に案内されるままについていくと、トラックの荷台いっぱいに魚料理や肉料理、サラダやパンがたくさん積まれていました。

頼んだのはスープなのに、いったいどういうこと?

僕たちが言葉を探していると、店主は「俺も連れていけ」と言いました。「ドクターたちは病気の子どもたちを診察してくれればいい。料理のことは俺に任せてくれないか。日本人のやさしさに対して、俺がイラクを代表して、お返しをする」

そう言うと、ごちそうをいっぱい積んだトラックで僕たちの車の後ろをついてきました。僕たちはイラクのほこりっぽい道路を走りながら、感謝で胸が熱くなりました。

難民キャンプに到着すると、わっと人が集まってきました。たくさんのごちそうがあると知ると、子どもたちから歓声が沸きました。大人も興味津々に覗き込みます。難民キャンプの人たちはもう大喜びで、お祭りみたいな騒ぎです。

なぜ、店主はここまで親切にしてくれたのか、詳しいことはわかりません。ただ、どんな人でも心のなかに「人にやさしくしたい」「誰かのためになりたい」という気持ちがあって、それが時折、表に現れてくるのです。

僕たちＮＰＯの活動は、そうした人のなかに潜んでいるやさしさを刺激するのが仕事なのかもしれません。そして、店主から受けたやさしさに感謝して、また別の人にやさしさを渡していく。そのやさしさの連鎖の過程で、素敵なハプニングや思いがけない出会いを体験することができるからこそ、僕はＮＰＯの活動を続けています。

共通の物語を持つことで損得は消える

そもそも、何かを自分のためだけでなく誰かと分かちあうというのは大切なこと。

相手とどう分け合うかという場面は、日常生活のなかでもたくさんあります。丸いピザを相手とどう分け合うか。リンゴを半分ずつに分けるとしても、ちょっと大きいほうを自分が選ぶのは気が引けますよね。

僕は、東日本大震災以来、石巻や南相馬をはじめ多くの被災地を訪ね、講演をするなど支援活動を続けてきました。以前、被災したある町から講演を頼まれました。町の担当者が、「わずかですが、講演料を用意しています」と言ってくれました。僕は、この年、東日本大震災に関係した講演はすべてボランティアでやろうと考えていたので、「講演料は要りません」と答えました。

すると、講演を企画した保健師さんがこんな提案をしてきました。

「では、このお金で、テレビで出てくる芸能人の方を呼んでもらえませんか」

なるほど、そこで僕はタレントのピーコさんに相談しました。ピーコさんが普段もらうような講演料ではないけれど、僕と一緒に被災地で講演してもらえませんか、と。

すると、ピーコさんは、「鎌田先生はどうしたの」と聞きます。僕は講演料は要らないという話をすると、「なら、私ももらうわけにいかないわ」とピーコさん。そして、こんな提案をしたのです。

「私は歌をうたうから、このお金でピアニストを連れていきましょう」

それはいいね、と２人で盛り上がりました。

ピアニストは、僕とピーコさんが講演料をもらわないと聞くと「それなら、私も」と言いだしました。そこで、みんな大笑い。こうやって有名な歌手やタレントに声をかけていったら、ものすごくたくさんの人がタダで呼べるんじゃないか！

結局、ピアニストは講演料をもらい、講演の日にその場で「被災地の子どものために使ってください」と、市長さんに寄付しました。

ここで大事なのは、誰も強制されないこと。その人の意思が尊重されなければ、この連鎖は成り立ちません。

大切なのは、この回転は自分から提案し、始めることができるということ。物事はすべて損得では割り切れません。どうしたらもっと楽しく、もっとみんなが幸せになるような提案ができるか、ここがおもしろいところなのです。

高校生たちの活動を支援するライオンカフェ

２０１８年、僕も総社市に支援に入りました。光籏さんら高校生たちのすばらしい活動と出合い、もっともっと若者たちの活動を支援したいと思ったのです。

公益財団法人「風に立つライオン基金」は歌手のさだまさしさんが設立しました。僕も評議員として活動していて、これまで、台風による水害を受けた南富良野や、九州北部豪雨で被害を受けた朝倉市などを訪ねてきました。避難所の体育館などで、さださんがミニコンサートを開き、僕が健康についての講演をするというスタイルです。

地震や水害で、当たり前の日常がなくなってしまった。そんなとき、どういう支援があったら心も体も健康でいられるか。医師の僕はいつもそれを考えて支援しています。困難にも負けず、復興しようという気持ちになるには、心も体も健康であることが第一なのです。

健康には、食事と運動が大事です。とりわけ避難所での食事は、おにぎりや菓子パンなどになりがちです。災害発生直後の混乱したときはしかたないかもしれませんが、炭水化物過多の食事が続くと、糖尿病を発症するリスクが高くなってしまいます。避難しているときこそ、タンパク質が豊富でおいしいものを食べる必要があるのです。

総社市の被災した人にも、おいしいものを届けたいなあ。

そう考えていたら、僕の地元にあるレストランの3兄弟が「ぜひ、協力したい」と手を挙げてくれました。そして、ステーキ丼やうな丼、ホットドッグなどを持って、避難所でふるまってくれたのです。こんなときこそ、おいしい料理で笑顔になってほしい。そんな料理人の心意気に、総社の人たちだけでなく、僕も本当に頭が下がりました。

では、被災した人の心の健康を守るには、どうしたらいいのか。僕は、支援する人もされる人も一緒になって一息つけるカフェのような場があったらいいな、と思ってきました。特に東日本大震災のように災害が長期化する場合は、孤立が一番の害となります。支援する人とされると人という区別なく、お互いに寄り添えるような場があれば、それだけでも救われます。そこで自由に語り合えれば、そこから新しい地域づくりやサービスのヒントが生まれてくるかもしれません。そんな場が被災地にあったらいいなと思い、ライオン基金の事業として、「ライオンカフェ」をつくろうと提案していました。

そんななか、総社市で水害が発生。高校生たちが泥かきや支援物資の仕分けなどに携わるだけでなく、避難所で寝起きする小中学生の勉強をみたり、遊び相手になったりしているのを知り、ぜひ、その避難所に「ライオンカフェ」の第1号になってもらいたいと思ったのです。

ライオン基金では、学用品を寄付。避難所の一角に「みんなのライオンカフェ」をつくり、小中学生の面倒をみる高校生たちの活動を支援することにしました。一日2時間週3日。小中学生たちも高校生のお兄さんお姉さんたちとゲームで交流しながら、次第に心の落ち着きを取り戻すことができたのです。

コーヒーの飲めるカフェとは少し違いますが、総社のいろんな年齢の子どもたちが集まって、ほっと一息ついたり、交流したりする場になったという意味では、総社らしいカフェになったのではないかと思っています。

いいことをした人に気づける感性

総社市のすばらしいところは、人のための何かをすることの大切さが教育のなかできちんと教えられていることです。

光籏さんの通った中学では、配布物の整理をしたり、給食の配膳台をきれいにしたり、体調の悪そうな友だちに声をかけたり、いいことをするとカードをもらえる、それを10枚集めると表彰されるという仕組みがあったといいます。

「いいことをしても意味ない、じゃなくて、ちゃんと認めてもらえる。相手も喜ぶし、自分もうれしい。そういうのがいいなと思いました」

高校では、３年間で５日間、総社市社会福祉協議会と協働して社会貢献のボランティア活動に取り組んでいます。こうした素地があったからこそ、人のための行動を起こせる高校生がたくさん育ったのではないかと思います。

総社市も、いい対応だったと思います。大人として、高校生たちの思いをしっかり受け止めました。

高校生たちに泥かきを頼むという判断も、当初は、「高校生に泥かきをさせるなんて何事だ」「事故でもあったらどうする」という非難の声も多くあがったといいます。こういう声があると、行政はどうしても保身に走ります。けれど、正しいと思うことをやり遂げる意思と、それをサポートする温かな目があれば、いつか周囲が変わっていくのです。

最初に呼びかけた光籏さんは、災害対策本部の会議に、高校生ボランティアの代表として出席し続けました。市の防災担当の職員のなかにひとり女子高生が混ざり、どんな支援物資が足りないのか、どんな支援が必要か、直接ふれあった住民の声やSNSでやりとりされる意見をまとめ、会議で発言するという体験もしました。

ライオン基金では、高校生など若い世代のボランティア活動を応援し、次世代を育てるという活動を大きな柱にしています。年に一度、全国でボランティア活動に取り組んでいる高校生を表彰する「高校生ボランティア・アワード」も設け、２０１８年は特別に総社市の高校生を東京の会場に招きました。

光籏さんは西日本豪雨災害のボランティア体験を経て、「どうしたら人を笑顔にできるか、気持ちの寄り添い方を学びました。これからもずっと何らかの形でボランティア活動を続けていきたい」と話してくれました。とても頼もしい言葉です。

しかし、その一方で、心ない言葉に傷つくこともありました。まったく知らない人からＳＮＳで「偽善者」と非難されたのです。自分が好きでやっているのだから、これでいいのだと自分に言い聞かせても、気持ちがかき乱されたといいます。

そんなとき、僕やさださんがかけた「君のやっていることは間違いないぞ」という言葉が、涙が出るほどうれしかったと話してくれました。

もし、大人としての役割があるとすれば、若い人たちの気持ちを受け止めて後押ししてあげることだと思っています。そして、彼らには、いいことをしている友だちがいるとしたら、それに気づいてあげられる感性を持っていてほしいと思います。

自分が存在する理由

「風に立つライオン基金」は、歌手のさだまさしさんが設立しました。なぜ、歌手の彼が熱心に支援活動に取り組むことになったのでしょうか。

さだまさしさんは28歳のときに、中国で一番長い川をさかのぼりながら、そこで暮らす人々や歴史をたどる『長江』というドキュメンタリー映画を撮りました。彼の祖父母や父母が青春時代を過ごした中国に、強いあこがれがあったといいます。機材やロケにこだわり、撮影期間は大幅に超過。28億円の借金を負いました。この巨額の借金は最終的に35億円にも膨らみました。

自己破産してしまえば楽だったと思いますが、彼はそうしませんでした。自分を信じてお金を貸してくれた人に、お金も恩も返すのが自分の責務だと考えたのです。

けれど、35億円。貸すほうも貸すほうなら、借りるほうも借りるほうです。このお金を、さださんは年間100回以上のコンサートをして返すことにしました。3日に

１回はコンサートですから、その多さがわかります。日本一コンサートが多い歌手になりました。借金をすべて返済したのは、58歳のとき。30年かかりました。

今僕たちが生きている社会は、お金がものを言う社会です。けれど、世の中を回しているものはお金だけではありません。人にやさしくされたら、ほかの誰かにもやさしくしようとする、人に助けられたら、ほかの誰かを助けたいと思う、そういうやさしさの連鎖というものが、世の中を回しているのです。お金のように目には見えにくいけれど、存在するのは確かなことなのです。さださんは、30年間でこの両方をきちんと返したのだと思います。

２０１１年の東日本大震災のころから、僕とさださんは一緒に被災地に飛んで、ボランティアをするようになりました。避難所の体育館に行き、僕が健康を守るための講演をし、彼が歌を聞かせながら、笑わせたり泣かせたりします。二人で大きな会場でチャリティコンサートをして、その収益を福島の被災地に寄付したこともありました。それがきっかけとなり、「風に立つライオン基金」での活動につながっていきます。

そんなさださんが、２０２０年、新しいアルバムを発表しました。アルバム名が『存在理由』と聞き、グッときました。僕のラジオ番組「日曜はがんばらない」（文化放送）に、ゲストとして招き、さっそく質問しました。

「さださんの存在理由は何ですか？」

すると、さださんはこう答えました。

「誰かの役に立っていたい、これが僕の存在理由です」

とても明快な答えが返ってきました。さださんは「誰かに利用してもらうこと」とも表現しました。この表現については、違和感を持つ人もいるかもしれません。利用されるなんてとんでもない、と。けれど、僕にはよくわかります。30年かけて借金を返しながら歌い続けたさださんは、歌手として階段を昇りつめてきました。その成功は自分一人で成し遂げたものではない。それをよく知っているからこそ、自分を丸ごと、自分をつくってくれた誰かのために利用してもらいたいと考えたのでしょう。

人に利用されない生き方は、賢いけれども寂しい。利用してもらえるぐらいの人間になるために全力で自分を磨き、最後は誰かの役に立つ人間になることを目指す。とても潔い生き方に思え、ますますさだまさしという人間が好きになりました。

第4章　完璧な人はいないから支えあえる

命はずっとつながっている

僕は、遺伝学上の父と母の顔を知りません。けれども、父と母が存在してくれたおかげで生まれることができました。会ったこともないけれど、その父と母にも両親がいます。さらにその上にも、父と母が存在していて、ずうっと命はつながっています。

遺伝情報をもつＤＮＡは、父と母から半々ずつもらい、子孫に伝えています。

もう一つ、僕たちにはミトコンドリアＤＮＡというのをもっています。ミトコンドリアというのは、細胞の中に寄生しているもう一つの細胞のこと。約20億年前、このミトコンドリアが大きな古いタイプの細胞に入り込みました。これは生物の歴史では一大事件です。細胞のなかに入り込んだミトコンドリアが効率よくエネルギーを生み出してくれるようになったため、生物は単細胞から多細胞へ複雑な進化を遂げ、さらには海から陸へと勢力を拡大し、人類も現在のように世界中に広がっていくのです。

ミトコンドリアのＤＮＡは単純で、必ず母から伝わることがわかっています。母の母、その母の母というようにさかのぼっていくことができるのです。

１９８７年、カリフォルニア大学の研究者がおもしろい研究をしました。今生きている世界各地の１４７人のミトコンドリアＤＮＡを調べてみたのです。すると、現生人類の共通の母方の先祖は、12万〜20万年前、アフリカの大地にいた一人の女性につながることがわかったのです。

人類の祖先はアフリカからやがてアラビア半島を越え、ヨーロッパ人やアジア人になっていく。その大元になった女性をミトコンドリア・イブと呼びます。僕はひとりぼっちだと思っていたけれど、太古のアフリカに僕のお母さんがいた。ああ、つながっているのだと思い、救われた気持ちになりました。

命のルーツを求めてアフリカへ

「我々はどこから来たのか　我々は何者か　我々はどこへ行くのか」

これは、ポール・ゴーギャンが19世紀末に描いた、人間の一生の営みを描いた絵のタイトルです。じっとこの絵を見ていると、人間という生き物はどういう生き物なのか、深く考えさせられます。

人間とは何者か。その答えをどうしても知りたい。実際にこの足で、人類のルーツであるアフリカの大地を踏みしめたいと思いました。

２０１３年の１月と３月に期間を分けて、アフリカ大陸のいちばん南の国、南アフリカからスタートし、大陸を南北に深い溝が走る大地溝帯に沿って、いくつかの国を訪ね、エジプトまでたどりました。カバやバッファロー、ライオン、シマウマ……さまざまな野生動物を間近で観察し、太古の人類が暮らした洞窟などを見て歩くと、日本で医師として働いている「鎌田實」ではなく、地球に生きる生き物の一員という不思議な気持ちになりました。

大地溝帯が走るタンザニアのオルドヴァイ渓谷には、猿人の足跡化石が見つかっています。約３６０万年前、まだ猿と人間の間ぐらいの人類の祖先です。近くの火山が大爆発し、火山灰が降り積もるなかを歩いたと思われます。大きな２人の足跡があり、その間に小さな足跡が残っていました。おそらく、お父さんとお母さんが子どもの手を引いて、必死に逃げ、生き抜こうとしていたのではないか。僕はそう想像しました。人間は、アフリカの大地で弱い動物でした。木登りが下手なへんてこな猿。火山の噴火だけではない、ライオンやヒョウなど大型動物に食われないようにしなければなりません。生き抜くためには、家族で助け合い、危険から身を守り合ったのではないでしょうか。

化石に残る、家族や愛の痕跡

エチオピアでは、さらに古く、約４４０万年前のラミダス猿人の化石が発見されています。この猿人の足の親指は、物をつかめるように外を向いていたため、森の木の上で暮らしていたことが推測されます。猿に見られるような牙、つまり犬歯は退化して、大きな大臼歯《だいきゅうし》をもつようになっていました。牙は武器となる歯ですが、大臼歯はものをすり潰して食べるのに適しています。

このラミダス猿人は、ほかの動物と戦って勝つほど強くありませんでしたが、石などの道具を使うようになっていました。凶暴さも減って、集団での協力も生まれていったのだと思います。

多くの食べ物を獲得した男性が、集められなかった女性に食料を与えるという愛の形が始まったというのが、アメリカのケント州立大学のオーウェン・ラブジョイ博士の「プレゼント仮説」です。

二足歩行になる前、男たちは自分の子孫を残すために、犬歯を鋭く尖らせ、戦っていました。しかし、二足自立歩行ができるようになると、自由になった手で、女性に食べ物をプレゼントすることで、女性から好まれ、より多くの子孫を残せるようになったという説です。

つまり、子孫を残したいという利己的な目的を、相手に食べ物を与えるという利他的な行為で実現させるという新しい生き方を、僕たちの祖先は始めたと考えられます。力によって服従させるという方法ではなく、人にやさしくして、一緒に生きていくという道を選んだのです。「相手の身になる力」は、きっとこのころから育っていったのではないでしょうか。

それを裏付ける可能性があるのは、ケニアのトゥルカナ湖の近くで発見された〝トゥルカナ婦人〟の遺骨です。１７０万年前の大人の女性の骨であることがわかり、トゥルカナ婦人と呼ばれています。出てきた骨を並べてみると、足に生まれながらの奇形がありました。

この女性は生まれつき立つことも、歩くこともできなかったことが推測できましたが、骨の成分を調べてみると、栄養たっぷりであることがわかりました。魚や動物の臓物を食べていた可能性があるのです。障害を持って歩けない女性が、なぜ生き延びることができたのでしょうか。

今から１７０万年前というと、言葉もなかった時代です。当然、車椅子もない。コンビニもない。そんな時代に歩けない女性がなぜ栄養が十分であったのか。

誰かが彼女に食べ物を届けていたのです。僕たちの祖先は、グループをつくって、危険から身を守ったり、助け合っていたことが推測できます。狩りで得た動物の肉や臓物を、みんなで分け合いました。〝トゥルカナ婦人〟も、歩くことはできなかったけれど、そのグループにとって大切な存在だったのではないかと思います。

僕たちの祖先は、アフリカの大地でとても弱い存在だったからこそ、支え合いが生まれ、それがやがてコミュニティや社会へと発展していくのです。

洞窟に見た太古の手形

助け合って暮らすことを覚えた、僕たちの祖先。集団の中で暮らすことで、自分の存在感や個性を表現しようという気持ちも育まれていったようです。

アフリカのいちばん南の国、南アフリカには人類の祖先が生活していた洞窟が残っています。10万年前の僕たちの祖先は、化粧をしていたのではないかという話をそこで聞きました。赤や黒い土を絵具のようにして、顔や体に化粧をほどこしていたようです。貝殻で作った装飾品も身につけていたといわれています。他の人とは違う自分を示したい、そういう気持ち、とてもよくわかります。

アフリカ旅行の後、スペインを訪ねたとき、アルタミラの洞窟やエルカスティージョ洞窟を見て歩きました。洞窟のでこぼこした壁面に、バッファローの群れやそれを追う人間の姿が描かれています。僕はその壁の前に立って、これを見ていた太古の人たちのことを想像しました。ほの暗い洞窟の中、たいまつの揺れる火によって照らしだされた壁面のバッファローは、今にも動き出すような迫力だったに違いありません。

その洞窟に不思議なものを見ました。ハンドプリントです。泥の絵具を手につけて、それを岩肌にペタペタとつけた手形がたくさん残されているのです。このハンドプリントはスペインの洞窟だけでなく、世界各地の遺跡で発見されています。なかには、手を岩に当てて、その上から絵具をプーっと吹き付け、手の輪郭を浮かび上がらせたものもあります。

これはいったい何なのだろう。

僕は、「ここに生きているぞ」という証明なのではないかと思っています。初めて狩りに連れていったもらったとき、子どもが成長してコミュニティの一員として認められたとき、このコミュニティのなかに存在している自分というものの証として、ペタンと岩肌にあとをつけた、無数の命の証です。

寄付は現代のハンドプリント？

時間を現代に戻してみましょう。コロナ禍の２０２０年、世界はクラウドファンディングなど寄付に関心が高まっているように感じました。

コロナ以前は、自由に外出し、買い物をしたり、コンサートに行ったり、スポーツをしたり、自分の好きなことをすることができました。自由に自己表現ができたのです。しかし、コロナによって行動が制限されて、外に着ていく洋服もそれほど要らなくなった。あまり外食もできない。そんななかで寄付する人が増えたのは、それでも、社会に何かかかわっていたい、今困っている人の助けになりたいという気持ちが強くなったからではないか、と僕は思っています。

毎年、ＪＩＭ－ＮＥＴではチョコ募金を実施しています。イラクの白血病の子どもたちが描いた絵をチョコ缶にプリントし、募金をしてくださった人にプレゼントするというものです。収益は、イラクやシリア難民の白血病の子どもたちの薬代にあてたり、国内では福島の子どもたちのために使っています。

２０２０年は、例年より少ない10万個を用意しました。コロナ禍のため、数を抑えたのです。しかし、受付を開始して１週間でうれしい誤算に気づきました。なんと約４万個も申し込みがあったのです。こんなにハイペースなのは、16年間やってきて初めてのことでした。

チョコレートを原価で提供してくれている北海道の菓子メーカー六花亭や、缶をつくる工場、発送をしてくれている福祉作業所とも相談し、急遽２万個を追加することになりました。

それにしても、なぜ、こんなにも多くの人が協力してくれたのだろうか。僕なりに推測すると、やはり、コロナ禍で自由に行動できない分、「募金」という形で社会のために何か役立ちたいという思いをもつ人が増えたのではないかと思うのです。

こうして考えてみると、人のために何かしたいという思いと、ファッションなどで自己表現することとは、根っこのところではつながっているのではないかと思えてなりません。数万年前の人類は、洞窟にペタンとハンドプリントを残しましたが、現代の僕たちはクラウドファンディングでポチッとキーを押すという違いはあるけれど……。

これまで、日本の寄付文化は欧米に比べてまだまだと言われてきました。近年、それが少しずつ変わってきたように思います。２０１７年の「寄付白書」では、20代の若い人の26・１％が寄付をしていることがわかりました。若い人たちのほうが意識が高いという声があります。これからも若い世代に期待しています。

闘病中の13歳の少女の夢

「私はここにいる」「人の助けになりたい」。そんな自己表現には、さまざまな形があります。

たとえば、僕たちがやっているチョコ募金では、毎年、イラクの白血病や小児がんの子どもたちに絵を描いてもらっています。

13歳のナブラスという女の子がいました。彼女はユーイング肉腫という骨のがんになりました。骨のがんの病気は、とても痛い、つらい病気です。僕たちは、彼女のがんの勢いを止められるように、抗がん剤を届けました。しばらくはがんを抑えることができていましたが、結局、がんは体中に広がり、現代の医療ではどうしてあげることもできませんでした。そのことをナブラスはよくわかっていました。

彼女は絵を描くのが好きでした。痛みが襲うなか、絵を描く時間は彼女にとって数少ない楽しい時間でした。

ナブラスには二つの夢がありました。一つは「病気が少しよくなったら、故郷に帰って学校に行きたい。学校に行って、もう一度勉強したい」。

もう一つは、「自分と同じような病気の子に薬を届けたい」。自分が描いた絵が日本に届き、缶の蓋にプリントされて、たくさんの人がそのチョコレートを買ってくれた分だけその利益で病気の子どもたちを助けるための薬になる。だから、自分の絵をたくさんの人に見てもらいたい。

自分はもう死んでしまうかもしれないけど、自分と同じように病気で苦しんでいる子どもたちを救いたい。それが彼女の小さくて大きな夢だったのです。

ナブラスは13歳でこの世を去りました。一つめの夢は実現できませんでしたが、二つめの夢はかない、亡くなってからもその絵が多くの人を励ましています。

これまでチョコ募金の絵を描いてくれた子どもたちの多くは経済的にも貧しく、病気になって初めて絵を描いたという子もいます。なかには病気への無理解のため、親から見捨てられる子もいます。治療の成果が出て元気になった子どももいますが、幼くして亡くなった子も少なくありません。それぞれの境遇のなかで、絵を描くことを通して、人のためになろうとしたことを忘れてはいけないと思っています。

2020年のチョコ募金のテーマは、「ジャストピース」にしました。「ジャスティス」（公正）と「ピース」（平和）を合わせた、僕たちが作った新しい言葉で、「公正なる平和」という意味です。どこかの国では、平和と豊かさを享受できますが、その国に食料を輸出する途上国では貧しさから脱することができないでいる。そんな誰かの犠牲や我慢の上に成り立つ平和ではなく、世界中のみんなが公正に平和になろう、という願いをチョコ基金に込めました。

人のために何かをする。ナブラスは、チョコ募金の絵を描くという方法を選びました。方法はアイデアしだいです。どんなことをしたらいいのかは、いろんな人のことを考え、その人の身になることで見えてくるはずです。

人のため社会のために働く人は元気で長生き

人間は、助け合って生きるという戦略で生き延びてきました。一生のなかでも、大きな負担となる「子育て」も、助け合うことで乗り切ってきました。

ここで、人類学者のクリスティン・ホークスが唱えた「おばあさん仮説」についてちょっと紹介しましょう。

人間以外の多くの動物は、子どもを産んで育てる期間が終わってからの〝余生〟があまり長くありません。それに対して人間は、出産・子育てが終わってからの期間がとても長く、〝余生〟というより、〝第二の人生〟というくらいの長い期間があります。なぜ、人間はそんなに長生きをする必要があったのか。その理由を考えたのが「おばあさん仮説」です。

人間の赤ちゃんは、とても未熟な状態で生まれてきます。仔馬は生まれたその日のうちに自分で立ち上がりますが、人間の赤ちゃんは、お母さんが暑さや寒さから守ってやり、おなかがすいたらおっぱいを与え、おむつが汚れたらきれいにしてやり、笑いかけ、語りかけることでゆっくりと大きくなっていくのです。子育て中の母さんは、寝る時間もありません。

そこで、ホークスは、おばあさんの存在に注目しました。おばあさんが子育てを手助けすれば、お母さんの負担が軽くなり、次の子どもも生みやすくなる可能性があります。実際、いろいろな種族を調べてみると、子どもがたくさん生まれ育っている種族は、おばあさんが元気で活躍していることがわかりました。子どもが多いということは、大きくて強いコミュニティになっていくための条件です。

では、おじいさんはどうなのか。ここからは僕の推論です。72歳の僕は、もう立派なおじいさんです。おじいさんがおばあさんに比べて元気がなく、平均寿命も短いのは、孫や若い世代の面倒を見るという役割がおばあさんほど明確ではなかったからではないかと思います。

と、ここまでは昔の話。現代では、おじいさんもおばあさんも、これまでの自分の経験を生かして、ボランティア活動という社会参加をする人が増えています。たとえば、小さな子に絵本の読み聞かせをしたり、子ども食堂を開催したり、登下校の見守りをしたり、昔の遊びを教えたり……。

こうした活動をしている人は、脳が刺激され認知症の予防になったり、心臓病や血管の病気で死亡するリスクが少ないというデータが出ています。人という動物は自分のためだけではなく、誰かのために生きる生き物であり、そして、人のために生きている度合いが多い人ほど、健康で長生きをしているということもわかってきました。

幸せか不幸せかは自分が決める

人間という生き物の本質は、助け合いです。しかし、現代社会では、「人に迷惑をかけてはいけない」ことが強調され、「自立」するという意味が少し曲解され、どんどん窮屈な生き方へと追い込まれているように感じます。

僕は、子どもや孫に対しても、医師や看護師の卵たちに対しても、「人に迷惑をか

ける な」と言ったことがありません。もちろん、自分がすべき仕事や役割をサボって、人に押しつけたり、人の領域に土足で押し入るというような「迷惑」は、僕もしてはいけないと思っています。けれど、人間は得意なこともあれば苦手なこともある。何から何まで一人ではできません。また、ふだんはできていても、病気になったり、何かの用事が重なって、助けが必要になることがあります。そういうときの支え合いは、「迷惑」ではない。むしろ、その社会の豊かさを示すものだと思っています。

僕は以前、諏訪中央病院看護専門学校の校長をしていました。看護師を目指すための学校です。看護師になるために、学生は人体の仕組みや病気のことを学び、看護の理念や技術を身につけていきます。看護師という仕事は、医師もそうですが、人と人とが向き合う仕事ですから、僕はもっと大きな視点で、人間が人間を看るというのはどういうことか考えてもらいたいと思い、「看護哲学」という授業を担当しました。

そのとき、講師として招いた女性がいます。冨永房枝さん、友だちから「フーちゃん」「フーコ」と呼ばれることが多く、「風になりたい」という思いから「風子」と名乗るようになりました。

風ちゃんは、生後6か月のとき、風邪をひいて40度以上の熱が続き、それが原因で脳性まひになりました。動かない両手の代わりに、足を使って何でもしてしまいます。看護哲学の授業では、トークの合間に電子キーボードで「となりのトトロ」からバッハまで、足を使って演奏。ペットボトルのふたも足の指で器用にひねって開け、ストローを取り出し、ごっくんと飲んでみせて驚かせます。時には、その足に筆を持ち、味のある絵と文字をかいて、「絵手紙」ならぬ「絵足紙」です、とユーモアを見せるのです。

「物心ついたときから、自然に足を使っていました。私にとって足が手なんです」

そんな話をする風ちゃんがある学校に講演をしに行ったとき、校長先生から「不幸にも障害を持つ身となりましたが」と紹介されました。そのとき、彼女はこんな言葉で切り返しました。

「自分の幸せは自分で決める。校長先生が言うように、私は不幸ではありません」

「体が不自由でも、心は自由だ」

そんなことをさらりと言える、強い人なのです。

けれど、最初からそんなふうに言えたわけではありませんでした。

中学生ぐらいまでは、大人になれば障害は治ると思っていました。けれど、同級生から「バッカだなあ、俺たちは一生、障害者なんだよ」と言われたときには大きなショックを受けました。「障害が治らないのに、生きててもしょうがないじゃん」と、それからしばらくは死ぬことばかり考えていたといいます。

あるとき、同級生にこんなことを言われました。

「お前はいいよなあ、死にたきゃ自分で死ねるんだから。おれは誰かを人殺しにしなければ、死ぬこともできない」

その同級生は手も足も動かなかったのです。颪ちゃんはこう思いました。

「つらいのは自分だけじゃない。いつでも死ねるなら、死ぬのは最後にしよう。もうちょっと生きてみよう」

人と共に生きていく覚悟

25歳になったとき、風ちゃんは初めて海外旅行をしました。行先はシルクロード。子どものころからためていたお年玉や障害者手当、講演の謝礼を全部あてて参加しました。１か月に及ぶ旅のうち、２週間は砂漠で自炊をしながら、テントに寝泊まりしました。

「タクラマカン砂漠の満天の星の下で演奏してみたくて、キーボードを持っていったんです。サイコーでした！　砂が入って壊れちゃいましたけど」

困ったのは、トイレでした。用を済ませた後、誰かに紙でふいてもらわなきゃなりません。若いときには、家族以外にしてもらうことにすごく抵抗感をもっていました。悔しかったし、恥ずかしかったし、悲しかった。けれど、そのことを仕方ないと思わないかぎり外には出られないので、我慢をしていたといいます。

けれど、シルクロードを旅しながら、ふっと気がつきました。

「ちょっと待てよ。普通に生きていたら人間、そんなに人の手を借りることってないけど、私はいろんな人に助けてもらうことができる。これって素敵なことじゃん、すごく幸せなことじゃん」

せっかく生まれてきたんだから、楽しく生きなきゃソン。自分にできることを、ゆっくりやっていけばいい。できないことは助けてもらい、感謝すればいい。そのことに気づいたらだんだん自分のことが好きになれた。そして、自分のことを大切に思えるようになったら、人のことも大切にできるようになったというのです。

こんなメッセージがぎゅっとつまった風ちゃんの授業は、看護専門学校の授業のなかでも最も人気のある授業になりました。

彼女の生き方に触れると、「自立」ってなんだろうと問い直してみたくなります。自立とは、他の支配や助けに頼らず、存在することができること、という意味です。でも、食事の用意やトイレの介助を人に頼まなければいけない風ちゃんのような人は「自立」していないのでしょうか。

手も足も自由に使える、視力も聴力も素晴らしい。話すこともできる。でも、自分で自分の人生を決めることができず、いつも人に頼ったり、人の言いなりになって生きている人は自立しているとはいえません。

それに比べて風ちゃんは、体は不自由だけれど、自分の個性や生き方を誰かのために役立てようとしています。僕が考える自立とは、人の手を借りない人ではなく、人とともに生きる覚悟ができている人なのです。

最愛の息子の心臓を渡した相手

誰かと支え合うことによって、困難や絶望的な出来事に直面しても強くなれると思います。数年前、僕は新聞にある小さな記事を見つけて、衝撃を受けました。

それは、中東のパレスチナという遠い国の話でした。パレスチナの12歳の少年が、イスラエル兵に銃撃され脳死状態になりました。少年の父親は臓器移植を承諾し、少年の心臓はイスラエルの患者さんに移植された、というものでした。

もし僕が殺された少年の父親だったら、その少年の命を奪った国の患者に臓器移植を許しただろうか。このことが、ずっと心に引っかかっていました。

前にも書いたように僕は、チェルノブイリの子どもの医療支援に取り組んでいます。スイスの人からも支援をいただき、そのお礼の意味を込めて、講演をしにスイスに行きました。すると、そこに国連難民高等弁務官事務所の人がいました。僕はパレスチナの少年のことを話すと、とても興味を持ってくれました。

少したってから、その国連の人から連絡がありました。少年の父親と、心臓移植を受けたイスラエルの患者の連絡先がわかったというのです。僕は、準備をして、日本から飛んでいきました。

現在のイスラエルとパレスチナの問題は、1948年にさかのぼります。イスラエルのあるこの一帯は、紀元前に古代イスラエル王国が栄え、世界三大宗教のキリスト教、ユダヤ教、イスラム教が生まれたところです。そして、何世紀にもわたってパレスチナ人が住んでいました。

ところが、第二次世界大戦で、600万人ものユダヤ人が迫害を受け殺されました。世界はユダヤ人に同情し、元々ユダヤ人が住んでいた古代イスラエル王国の土地に、イスラエルという国を建国することを認めました。その結果、それまでその地に住んでいたパレスチナ人たちは追い出され、パレスチナ難民となった人は500万人といわれています。パレスチナ自治区があるものの、近年じわじわとイスラエルが侵攻し、ロケット弾を撃ち込むなど、イスラエルとパレスチナの戦いは続いています。

僕は、まず、殺された12歳のパレスチナの少年のお父さんに会いに行きました。お父さんはヨルダン川西岸にあるパレスチナ自治区に住んでいて、少年が銃撃されたときのことを教えてもらいました。

少年の名はアハメド。買い物に出かけたとき、物陰に隠れていたイスラエル兵に狙われました。ただ街の中を歩いていただけでした。2発の銃弾が少年に当たり、1発は頭部に当たりました。お父さんはなんとか助けたいと思いましたが、パレスチナの病院は医療が遅れていて到底助けることができませんから、悔しいけど息子を撃ったイスラエル側の病院へ急いで連れていきました。

残念ながら、すでに少年の脳は死んでいました。でも、まだ心臓が動いています。ドクターは脳死を告げ、臓器移植を希望するかお父さんに尋ねました。

「息子さんを助けることはできない。でも、提供された臓器で、他の病気の人を助けることができる」

お父さんは、迷って、迷って、迷った挙句、臓器移植を承諾しました。

僕だったら、絶対に自分の息子を撃った憎い敵の病院で、息子の心臓をあげることはできないだろうと思います。なのに、このお父さんはどうしてこの選択をしたのか。人間の心は不思議だなと思いました。

絶望のときほど利他的なふるまいで

そのお父さんを連れて、アハメド君の心臓をもらったイスラエルの患者さんに会いに行くことにしました。移植を受けた患者さんは、アハメド君と同じ12歳の少女でした。

パレスチナ自治区からイスラエルに入るのは、恐ろしい体験でした。イスラエルは日本人に対して好意的ですが、パレスチナ人に対してはもちろん敵対的です。検問で、アハメド君のお父さんに対して、長い間、銃を突きつけ取り調べを行いました。

イスラエル側は、パレスチナから仕返しのテロをされるのではないかとおびえていました。いじめるだけいじめ、飛行機で爆撃をし、何百人もの子どもを一気に殺したりしていたことに対して、パレスチナからどんな報復を受けるかおびえていたのです。実際には、パレスチナはわずかな抵抗しかできません。若者が背広の下に爆弾を仕掛け、イスラエルの市場へ行って命を懸けて自爆テロをするのが精一杯です（もちろん、いかなる暴力にも反対です）。圧倒的な力の差があるのです。それでもイスラエルは怖くて怖くてしょうがない。他者に暴力を振るうということは、いつも仕返しにおびえるということ。だから厳しい検問が行われているのです。

そんな怖い思いをして、ようやくイスラエルの少女の家にたどり着きました。

玄関に入ると、はっとしました。そこには、アハメド君の写真が飾ってあったのです。国同士は憎しみ会っているけれど、一人の人間として、この家の人はアハメド君に感謝し、大事に思っているのだなと安心しました。

アハメド君の心臓をもらった少女は、サマハという名前でした。彼女は重い心臓病で、歩くこともできず、学校にも行けませんでした。死を待つだけだったのです。でも12歳のとき移植を受け、17歳になっていました。

サマハを見たとき、アハメドのお父さんは「まるで息子が生きているみたいだ」と言い、彼女をやさしく抱きしめました。

僕はサマハさんに「君の夢は何?」と聞きました。すると彼女は言いました。

「看護大学に入って、看護師になって、いつかパレスチナ難民キャンプの子どもを助けてあげたい」


僕は、ずっと疑問に思っていたことをお父さんに聞きました。

「僕がアハメドの父親だったら、自分の息子の心臓を敵にあげることはできない。よく移植を承諾しましたね」

お父さんは少し考えて、こう語りました。

「海で溺れている人がいたら、泳げる人間は海に飛び込んで助けようとする。溺れている人に向かって、あなたの宗教は何ですか、あなたの国はどこですかなんて聞かない。国が違っても、宗教が違っても、みんな同じ人間。溺れている人がいたらとにかく助けることです」

僕は、明快な答えにはっとしました。

おそらく、アハメド君のお父さんは、最愛の息子を亡くし、自分の身を引き裂かれるようなつらい思いをしたことでしょう。銃撃したイスラエル兵を憎んだり、銃弾が飛び交うような現実を恨んだりしたでしょう。息子が買い物に行くのを止められなかった自分自身も責めたかもしれません。それでも、息子の臓器によって誰かの命が生かされるという利他的な行いをすることで、悲しみや憎しみが和らいでいったのではないか。自分自身の身に起こった乗り越えがたい現実を乗り越えていくには、他の人の幸せに力を尽くすことが大切なのです。

それから2年経って、再びアハメド君のお父さんを訪ねました。彼は、一人のイスラエルの少女の命を助けることができたけれど、まだ「息子からの宿題」が残っていると言いました。

宿題って何ですか、と尋ねました。

「パレスチナの子どもたちは、まだ外で安全に遊べるようになっていない。平和な世界を築くという宿題がまだ途中だ。本当の平和を作らなければ、アハメドに申し訳ない。宿題はまだ半分残っています」

人間の悲しみの癒し方って、すごいと思いませんか。人は人と生きていくことで、多くの悲しみを背負うけれど、人と人が生きやすくするために努力することで、その悲しみを癒すことができる。悲しみを抱えて、希望を見出す人の強さに僕は胸が熱くなりました。

第5章

相手の身になる練習を始めよう

学校の成績で人間の価値は決まらない

僕は、70年以上生きてきたなかで、いろいろな人間と付き合ってきました。高校、大学の友人は偏差値も高く、いわゆるエリートコースを進む人もたくさんいました。もう、とても太刀打ちできない、もともとの頭の出来が違うな、というくらい優秀な人もいました。成績がよいと、進学や就職などで選択の幅が広がるというのは確かにあります。けれど、成績の優秀さと、人間の魅力ということは必ずしも一致しません。成績のよさに関係なく、おもしろい人生を送っている人はたくさんいます。人間の価値は、偏差値や学歴ではないのです。

同級生のW君は、僕の親友です。彼は、子ども時代からずっとみんなに好かれ、一目置かれる存在です。何か決めるときに、みんなに意見を求められ「W君が言うならそうしよう」と信頼されています。彼が信頼される理由は、思いやりがあって、いつも誰かのことを気にかけてくれているからです。

W君の社会人としてのスタートは、決して順調ではありませんでした。大企業に入りましたが、受験に失敗して専門学校卒という最終学歴であったために、社内ではかなり苦労したようです。当時も「人間の価値は学歴じゃない」と言われてはいたものの、やはり有名大学を出た人のほうが出世しやすいという現実はあったのです。

そんななかで、彼は出世していきます。それは、人を大事にし、人を裏切らない生き方が明確だったからです。会社の経営者と、労働組合とで意見が分かれたとき、彼は紳士的に、正しい姿勢で会社と交渉に当たりました。人望が厚く、人から信頼されたことで、副社長にまでのぼりつめたのです。

僕も彼のやさしさに何度も救われました。大学を卒業後、僕は両親を東京に残して信州に赴任しました。両親はしばらく2人で暮らしていましたが、母が亡くなった後は、父だけになりました。W君はそんな父を気遣って、ときどき電話をかけたり、ご飯に誘ってくれました。高齢になった父に何かあれば、もちろん僕はすぐに駆けつけます。けれど、何もないときにも、親友が僕の父のことを気にかけてくれていた。父もどんなにうれしかったことか。

父が亡くなった後も、僕は忙しくてなかなか墓参りができませんでした。時間ができて墓参りに行くと、いつもお墓がピカピカになっていて、お花も供えてありました。僕はすぐにW君だとわかりました。

「お墓の花、お前か?」

「うん、カマタ、今忙しそうだから。誰も行かなかったら親父さんとおふくろさんはさびしいだろう」

やさしくて、誠実で、正直。一生つきあっていきたい友人です。

そんな魅力的な人間は、相手の身になって考えることを習慣にしています。いつでも、「相手ならどう考えるのか」「相手ならどう感じるか」という発想をすることで、やさしくて、やわらかで、広い視野をもつことができます。それは、友だちとの関係だけにかぎらず、言葉の使い方やふるまい方、仕事のモチベーションを変えていきます。同じモノを作る仕事でも、ただ自分のお金儲けのためにするのか、社会のためにするのかで、志が違ってくるのです。

生身の人とのかかわりが希薄といわれる現代は、相手の身になる力が育ちにくい時代かもしれません。人とのつきあいが怖い、コミュニケーションが苦手という人は、相手の身になることをあらためて意識してみることが大切だと思います。

相手の身になる力は、人間関係の基本です。「自分」のことだけだった頭のなかに、「相手」の存在を入れることで、少しずつ身についていきます。この章では、どうすれば相手の身になることができるのか、具体的に提案していきましょう。

1　あいさつは自分から

自分のほうから先にあいさつをすると気持ちがいいものです。相手はどんな気持ちなのか、返ってきた反応から想像してみましょう。

あいさつは、僕はあなたの存在に気づきましたよ、というサインです。そこには、仲よくやろうね、よろしくね、というニュアンスも含まれています。

満員電車では、たくさんの人が乗り合わせていますが、たまたま同じ電車に乗っているだけで、隣の席にどんな人がいるのかさえまじまじと見るようなこともありません。けれど、何かのきっかけで隣の席の人にあいさつをしたとたん、心の距離がぐんと縮まります。相手の身になるために大切なのは、心の距離を縮めることなのです。

家でも、学校でも、地域でも、その日に最初に会ったら、自分からあいさつをしてみましょう。できれば、元気よく、にっこりと。たいていはあいさつを返してくれます。お互いにあいさつできれば、気持ちがいいものです。

大切なのは、ここからです。相手の声の調子や表情は、いつもと同じですか？　いつもより弾んでいれば、何か楽しいことがあったのかもしれません。

もし、相手があいさつを返してくれなかったら、ちょっと傷つきます。でも、相手の立場になって考えてみると、いろいろな可能性が考えられます。こちらの声が聞こえなかったのかもしれません。単に恥ずかしかったのかも。ほかのことに気をとられていて気づかなかったのかもしれない。自分に向けてあいさつされたとは思わなかったという可能性もあります。

では、相手に伝わるようにあいさつをするには、どうしたらいいのか。これは次のステップになります。

２　伝わるように伝える

伝える方法は一つではありません。相手にとって、わかりやすい言葉と方法を探して、どうしたらきちんと相手に届くのか工夫をしていますか？

突然、外国の人に道を尋ねられたらどうしますか？　相手は日本語を話せないし、こちらも外国語が話せません。でも、どうやら駅まで行きたいのは何となく伝わってきます。相手に伝わる方法を必死に考えて、身振り手振りで伝えたり、地図アプリを開いたり。時間があれば、一緒に駅までつきそってあげる方法もあります。

一方、僕たちは家族や友だちなど、よく知っている人に対しては、あまり伝える努力をしていません。伝わってあたりまえと思い込んでいるからです。けれど、本当にそうでしょうか。考え方や感じ方は一人一人違います。生きてきた背景もその人が持っている常識も、君とまったく同じではありません。相手の身になって、どんな言葉なら伝わるのか考えることが大切です。ちょっと大げさな言い方になってしまいましたが、小さな子どもに、難しい言葉は使わないでしょう。それと同じことなのです。

言葉の選び方だけでなく、声の高さ、大きさ、話すスピードというのも大事です。たとえば、いきなり後ろから声をかけても、相手は自分に向けられた言葉なのか気づかない場合もあります。高齢者は、高い声や早口が聞き取りにくいといわれています。高齢者に話しかけるときには、相手の目を見て、ゆっくりと落ち着いた声で話しかけると伝わりやすくなります。

相手が車いすに乗っていたら、相手と目線の位置を合わせて、声をかけます。では、目が不自由な人だったら、耳が不自由な人だったら？　どうしたら伝えることができるのか、想像してみましょう。

3　相手の話は最後まで聞く

言いたいことがいっぱいあっても、まずは相手の話を最後まで聞きましょう。聞く姿勢を示すことで、相手が心を開いてくれます。

相手のことを理解しようとするなら、まずは相手の話をよく聞くことが第一です。コミュニケーションの第一歩は相手の話を聞くことなのです。

相手の話を最後まで聞く。簡単なことのようですが、できていない人が多いのです。相手が話している途中で、話に割って入ったり、「結局、何が言いたいの?」なんて、結論を急がせたり。

特に多いのが、話泥棒。たとえば「昨日、家族でラーメン屋さんに行ったんだけどさあ……」なんて、相手が話し始めたとします。その「ラーメン屋」という言葉にだけ反応して、相手の話に割り込み、「ラーメン屋といえば、駅前にできたお店、すごい行列ができているね」などと相手の話を盗んでしまう、これが話泥棒です。

せっかく話そうとしているのに、途中で話が続けられなくなってしまう。もし、自分がこんなことをされたら、不愉快になりませんか?

その話の行きつく先が予想できたとしても、途中で反論したくなっても、話の終わりまでちゃんと聞く。けっこう忍耐力が必要ですが、少しずつ身につけていきましょう。

話を聞くときの態度も重要です。人が話しているのに、そっぽを向いていたり、別のことをしながらというのでは、真剣に聞いているようには思われません。顔や体の向きを相手のほうに向けて、ときどき、うん、うん、とうなずきながら、聞いているよというメッセージを伝えます。

こうした聞く姿勢をもっている人には、人が集まって、いろんな話をしてくれます。いろんな考え方を発見したり、人生を豊かにしてくれるような言葉に出会うこともできるかもしれません。

4　言葉以外のメッセージも読み取ろう

相手の声の調子、顔の表情、しぐさ、態度、言葉の間合いにも相手の気持ちは表れています。言葉以外のものに託されたメッセージを読み取る感性を磨きましょう。

同じ言葉でも、その人の表情や言い方、声の調子などで、まったく意味が違ってくることがあります。一見、難しそうですが、相手の様子をよく観察することで、次第にわかるようになります。

医療や福祉の現場では、「傾聴」という聞き方をよくします。言葉を「耳」で聞くだけでなく、相手の表情やしぐさ、態度など「目」でも聞くのです。さらには、相手が訴えたい気持ちは何なのか、その気持ちに寄り添うように「心」でも聞きます。言葉だけでなく、言葉の向こう側にあるものを聞くのが傾聴です。

僕は、今も緩和ケア病棟を回診し、がんの末期の患者さんの話を聞いています。病室に入るときには、明るく聞き取りやすい声で「おはようございます」と声をかけます。それに応じる患者さんの返事の様子や表情で、体や心の調子を推測していきます。

患者さんのほとんどは、もうすぐ自分がこの世からいなくなることを知っていて、この世を去ることの「心の痛み」を抱えています。言葉では「死ぬのは怖くない」と言ったとしても、目がきょろきょろと動いていたり、落ち着かない様子だったとしたら不安が大きいのだなと感じ、患者さんの話をしっかり受け止めるようにしています。そして、患者さん自身が自分の人生について語っていくうちに、「いろいろあったけど、いい人生だった」と気づいたとき、「心の痛み」が薄らいでいくのです。

僕は静かに傍らにいてその人の話を聞くだけですが、聞くことの力は本当に大きいのです。

5　相手の気持ちをいったん受け止める

相手の話を聞いたら、すぐに批評したりせず、相手の気持ちをいったん受け止めます。賛同できても、できなくても、「受け止めたよ」と相手に伝えることが大事なのです。

相手の話を聞いて、ついついやってしまいがちなのは、もっとこうすればうまくいくんじゃないかと、聞かれてもいないのにアドバイスを始めることです。

相手が求めているのは、話を聞いてもらいたいということです。これにきちんと応えずに、気の利いたことを言おうとしても、それは自己満足に終わってしまいます。落ち込んでいる人を励まそうとする「気にすることないよ、だいじょうぶだよ」という言葉すら、相手には無神経に聞こえてしまいます。

相手の気持ちがわかったら、「そうなんだ、悲しかったんだね」「楽しかったんだね。その気持ち、すごく伝わってきたよ」と、気持ちを受け止めます。相手が言った言葉を繰り返すことで、その気持ちを受け止めることができます。

たとえ、自分と考え方や感じ方が違っていても、いったんは相手の気持ちを受け止めること。自分の考えを言うのは、それからです。特に、相手の考えと違うことを言うときには、いったん受け止めてからだと反感を買いにくくなります。

6　相手が喜ぶことを想像する

人が喜んでくれると、自分もうれしいものです。どんなことをしたら相手が喜ぶのか、まずは具体的に身近な人から考えてみましょう。

相手の喜ぶことを考えるには、相手に興味をもたなければなりません。どんな食べ物が好きで、どんな音楽を聴くのか。何色が好きで、犬派か、猫派か。どんなことが得意で、どんな趣味をもっているのか。誕生日プレゼントに何をあげたら喜ぶのか。

相手のことがわかってくれば、言葉のかけ方や接し方も変わってきます。はじめは身近な人のことを考えて、少しずつ対象を広げていきましょう。

「どうしたら相手に喜んでもらえるか」この発想は、あらゆるものに通じます。周りの人間関係もよくしますし、恋愛相手にだって役立ちます。人を支援するときにはもちろん、多くの人に喜んでもらえることを考えれば、社会のいろいろな問題解決のヒントも見つけることができるかもしれません。

僕が住んでいる長野県茅野市に白樺湖という観光地があります。そこでホテルを創業した会長は、まさに、どうしたら人に喜んでもらえるかという発想からホテルを始めました。

彼は子どものころに両親を亡くし、おじさんの家で育てられました。ずっと孤独を感じていたといいます。戦争の時代を経験し、戦地から帰ってきてからは、誰も耕さない山の上を開拓し始めました。白樺湖の周りです。道路がない、電気がない、水がない、電話がない、経験がない、資本もない、助けてくれる後援者もない。何もなかったけれども、来る日も来る日も山林の開拓に明け暮れたのです。

やがて、簡素な家ができました。道に迷った登山家たちが下山できなくなると、泊めることもありました。その登山家たちのうちの何人かはお礼にお金を置いていく人もいました。ここからホテルづくりが始まるのです。

その後、遊園地や美術館もつくり、ホテルの裏山にスキー場もつくりました。ホテルは大成功です。登山やスキーを楽しみたいという人たちに喜んでもらうために、どんなホテルであったらいいのか。そうした発想から始まったホテルは、いつまでも人に愛されるのです。

7　親切にされたら必ず「ありがとう」と言う

どんなことに対しても、「ありがとう」と感謝の気持ちを返すこと。親切にしてくれた人もうれしくなり、気持ちが通じ合います。

九州の高校で、末期の乳がんになった女性Ａさんが「命の授業」をすることになりました。その高校はいわゆる「荒れた学校」。どうしたら生徒一人一人に自分の命や人生を大切にすることを伝えられるか、教師たちは必死に考えていました。Ａさんは、その高校の養護教諭と知り合いで、それならばと講師になってくれたのです。

「命の授業」では、末期の乳がんになったときの絶望について正直に語り、生徒たちの心を揺さぶりました。

その後、Ａさんのがんは全身に広がり、いよいよ命の期限が迫ってきました。そのとき、Ａさんはもう一度高校生たちに命の大切さを伝えたい、病室に来てもらってもかまわない、と申し出ました。

突然のことでしたが、校長先生は許可を出しました。そして、保健室登校をしている何人かの生徒が、Ａさんの病室を訪ねました。

Ａさんは生徒たちの手を握りながら、こんなふうに語りました。

「人が死ぬということは、歩けなくなり、ご飯を食べられなくなり、お水が飲めなくなる、あたりまえの事が一つずつできなくなることなの。あなたたちは全部できるでしょう。今のうちにやりたいことを精一杯やって、悔いのない人生を歩みなさい」

そして、こんなことをつけ加えました。

「人生にとって一番大切なものはお金じゃありません。自分をさらけ出せる友だちがいるかどうかです。今いなくてもいい。人にやさしくしていたら、必ずそういう人に巡り会うの。来てくれてありがとう」

それから30分ほどして彼女は眠りにつき、そのまま旅立ちました。

命がけのこのメッセージは、きっと生徒たちの心に届いたことでしょう。人間は最後まで人のために尽くすことができるのです。

しかし、別の見方をすると、Aさんこそ、生徒たちに支えられていました。壁にぶつかっている若者たちに、立ち直るきっかけを作ってあげたいと思うことで、最後の苦難の時間を意味のある時間に変えることができました。命の大切さを伝えたい相手がいたことで、彼女は自分が存在している意味が見えたのだと思います。

最後の日、Aさんは生徒たちに「ありがとう」と言い、生徒たちもAさんに「ありがとう」と言いました。お互いに感謝の気持ちを述べ合うことで、温かさに満たされました。

これをきっかけに、生徒たちは変わっていきました。保健室から教室へと過ごす時間時間が増えたのです。遅れていた勉強も取り戻し始めました。

僕たちは何気なく「ありがとう」と言ったりしますが、人の心を温かくする力をもっています。だからこそ、ほんの小さなことに対しても、「ありがとう」を忘れないようにしたいものです。

8　相手を価値ある人として接する

年齢、性別、出身あらゆる属性にかかわらず、誰に対しても「価値ある人」として、敬意をもって接します。人を見下したりバカにしたりすると、相手は離れていきます。


「アイツにはどうせ言ってもわからない」「面倒くさいから適当なことを言ってごまかそう」そんな気持ちになること、ありますよね。けれど、そういう気持ちは相手にも伝わっていて、いつまでたってもお互いに心を開くことはありません。

認知症ケアの技法に、「バリデーション」という技法があります。認知症になって記憶が欠け落ちていっても、感情は人生の終わり近くまで残るといわれています。周りの人が、認知症だからとバカにせず価値ある人として接することで、認知症の人の心は安定し、混乱したりすることが減っていくのです。

認知症は、記憶が断片的でつながっていません。それは、言葉も習慣も違う外国に突然、放り込まれたようなものだといわれます。本当は80歳なのに25歳だと思い込んでいる例もあります。なのに、周りは自分のことを「おばあちゃん」と呼ぶ。しかも、「困った人」「何もわからなくなってしまった人」として扱われるのは、とても悲しいし、ここは自分の居場所ではないという気持ちになります。

バリデーションでは、認知症の人に対して、「傾聴する」「受容する」「共感する」「誘導しない」「ごまかさない」という5つを基本にして接するようにしています。

僕は、このバリデーションの考え方を、認知症のケアだけにとどめておくのはもったいないと思ってきました。家庭や職場など身近な人間関係にも応用していけたら、もっといい関係が築けると思っています。そう、相手を「価値ある人」として接することは、人間関係の基本なのです。

相手を価値ある人と思って接してきたことで、30代で病院長に抜擢されました。

僕よりもベテランの医師に対しても、介護や配膳の人にも、すべての人たちにバリデーションの考え方を使ったのです。赤字病院が黒字になり、優秀な医師たちが集まるようになりました。

「傾聴する」は先ほど書きました。「受容する」とは、相手の言うことをよく聞き、受け入れるということです。そして、同じ景色を見て、「きれいな雪山だなあ」と思ったら、その気持ちを相手と「共感する」。何か同じことを一緒にすると、共感の関係が生まれやすくなります。過去の出来事にも、同じような経験があれば共感しやすくなります。勉強がよくできるグループの中に、クラスの仲間を誘導したり、操ったりする傾向のある人がいます。けれど、相手を操ろうとすると相手は敏感に感じ取り、反感を持ちます。誘導したりごまかしたりせず、相手を尊重することがなければ、対等な関係は築くことができません。他人をバカにしたり差別したりする心が生まれそうになったら、バリデーションの5つの基本を思い出してください。

9　自分の気持ちをよく知る

相手の気持ちに気づくには、自分の気持ちもよく知っておくことが大切です。

人とかかわって生きていると、ときには不愉快な目にあったり、思い通りにいかないことが度々起こります。当然のことです。怒りがこみ上げたら、６秒数え、深呼吸しましょう。怒りは６秒でピークになり、その後、薄れていくといわれています。

不愉快なことや怒りに支配されないようにするには、人とのつきあいを遠ざけるのではなく、どんなときに不愉快に思い、怒りがこみ上げてくるのか、自分自身を見つめることが大切です。

「ムカツク」という言葉だけでは表現できない思いがあるはずです。誰にも見せない、自分だけが読む日記に、気持ちを書き連ねてみるのもいい方法です。書いているうちに気持ちが少し楽になると同時に、どんなことに対してどんな思いを抱くのか、自分の傾向のようなものがわかってくるでしょう。そうやって自分自身をよく知っておくと、友だちの気持ちを理解しようとするときにより深く理解できるようになります。

10 やさしい言葉をもつ

言葉は人を傷つけることを理解して、聞く人の身になって、言葉を使うことが大切です。やさしい言葉をもつ人は、相手に心づかいができる強い人です。

人間がどのように言葉を獲得したのかはわかっていません。言語学者のノーム・チョムスキーは非連続的な突然変異が起きて、言語機能が出現したと考えていますが、多くの言語学者は、鳥や動物の鳴き声による合図が徐々に発達して言語になったと考えているようです。約10万年前、人類はアフリカから外に出ました。海を見たことがなかった人類が海岸に到達して海を見たとき、その心の震えが声帯を震わせて言葉になったという人もいます。言語の起源は祈りや歌だったとする説もあります。

その言葉は、使い方によっては、人を傷つける凶器になったり、人を温かく包むコートになったり、人生を支える杖になったりします。

２０１８年、野球解説者の衣笠祥雄《きぬがささちお》さんががんで亡くなりました。衣笠さんは現役時代、広島カープで鉄人と言われた伝説の野球選手でした。その彼が、前人未到の連続試合出場記録の更新中のこと。全国のファンが記録が出るか見守るなか、巨人の西本聖投手からデッドボールを受けました。肩甲骨を骨折してしまい、連続試合出場の記録はここでストップか、と誰もが落胆しました。

しかし、衣笠は、翌日ピンチヒッターで出てきました。骨折で肩が痛むはずなのに、フルスイングで三球三振でした。

試合が終わった後、衣笠は記者会見をしてこう言ったのです。

「一球目はファンのため、二球目は自分のため、三球目はボールをぶつけた西本君のため」

かっこいいですよね。ファンのため、自分のためというのはわかりますが、ボールをぶつけた西本投手の名前をなぜ挙げたのでしょう。「骨折したが、大丈夫だよ」と言う思いを、西本投手に伝えたかったこともあるでしょうし、連続試合の記録をストップさせるという汚名と罪悪感を西本投手に与えないように、西本投手の身になったのだと思います。こういうやさしい心遣いができる人は、強い人です。

11 読書で視野を広げる

読書は、多様な考えや体験を知るかっこうの手段。小説の主人公や歴史の出来事などを通して人間を知り、視野を広げることで、自分のなかの差別や偏見に気づくことができます。

本には、時間や空間を超えた、さまざまな人の考えが詰まっています。日本にいてふだん会って話すことができない国の人たちはどんなことを考えているのか、あるいは100年前の人はどんなことを考えていたのか、本のページを繰れば知ることができる。それが読書の魅力です。

読書によって視野を広げることができれば、自分のなかにある差別や偏見に気づくことができます。SNSや人のうわさをうのみにして、いつの間にか人に偏見を持ったり差別感情をもったりしている自分に気づかせてくれるのは、読書が教えてくれる多様な世界観なのです。

12　席を譲ったときの感情を味わう

電車やバスで立っている人がいたら、相手が誰でも席を譲ってみましょう。はじめは勇気が必要ですが、相手の笑顔がどんなに自分の心を温かくするか体験することができます。

電車やバスで、見知らぬ人に席を譲るのは、少し勇気がいります。知らない人に声をかけるのは恥ずかしいし、わずらわしい。勇気を出して席を譲っても、「結構です」と断られたらどうしよう、そんな思いがブレーキをかけます。

あまりいろんなことを考えず、とにかく無条件に席を譲ってみましょう。席を立ち上がって「どうぞ」とはっきりした声で言います。断る人もいるかもしれませんが、「次の駅で降りますので」ともう一言をかけると、「そうなの、ありがとう」と応じてくれることが多いようです。

席を譲って笑顔が返ってくると、うれしい気持ちになります。オキシトシンというホルモンが分泌されるからです。このホルモンは、相手を幸せにしながら回り回って自分の幸せも感じさせてくれるホルモンです。その喜びがあれば、人に声をかける勇気も出やすくなるでしょう。

見知らぬ人に席を譲ることができたら、次は、ほかの場面でも人に親切にすることができるのではないでしょうか。いじめられている子に対しても、誰もいないところで、「俺は君のこと、わかってるよ」と声をかける勇気が出てくるかもしれません。

何か親切にしようとして「いいよ」と断られても、それはそれでいいのです。親切に声をかけること自体、幸せを得られることなのです。

イラクの難民キャンプで子どもの診察に行った帰り、僕はくたくたに疲れていました。無性にコーヒーを飲みたくなって、カフェを探しました。通りすがりの若者に、コーヒーを飲めるところはないかたずねました。すると若者は、ついておいで、と手招きしました。どうも、連れていってくれるらしいことがわかりました。イラクの人は親切なのです。

若者はカフェに案内してくれた後もその場を去らず、アラブ式のコーヒーでいいのか、と僕に聞き、それを飲みたいというと、注文してお金まで払ってくれたのです。

イラクでは人のために何かすると、死んだときに天国に行けるといわれています。日本でも「喜捨《きしゃ》」という言葉があります。国や文化は違っても、人にやさしくすることは自分自身が幸せな気持ちになるということは共通しています。

その国の言葉は話せなくても、「人にやさしくする」という世界共通の言語があれば、どこの国の人とも仲よくなれるのです。

13　得意なことから始めよう

困っている人のために何かをしたいと思うけれど、何をしたらいいかわからない。そんなときには、自分が得意なものに注目してみましょう。

東日本大震災の後、僕は石巻で長く支援を続けました。お風呂に入れない人が大勢いて困っているのを知り、ボイラーと大きな浴槽を持ち込んで仮設のお風呂を設営し、一年間無料でお風呂に入ってもらえるようにしました。僕は、現場の人から何に困っているのかを聞くのが得意です。そして、お風呂を実現するために必要なものをそろえるにはどうしたらいいか、誰に相談したらいいか、人脈をもっているというのも僕の強みだと思っています。

僕と同じことをする必要はありません。自分の得意なこと、できることで協力することが大切なのだと思います。

その石巻では、サルコヤ楽器店という楽器屋さんの店主が、津波で泥だらけになったピアノを修復する支援を始めました。泥水につかったピアノがかわいそうだと思ったそうです。全国から調律師などピアノの専門家がたくさん応援に駆けつけました。

その活動を、世界的な歌手が気に留めました。シンディ・ローパーです。彼女は日本が大好きです。震災の直後、外国のアーティストがみんな日本から離れたにも関わらず、彼女は予定通りコンサートを開催し、会場で募金箱を回してたくさんの募金を集めました。

さらに彼女は石巻で津波ピアノを直していることを知り、「復興ピアノ」を買いたいと申し出ました。これがニュースになって、世界中に流れました。CNNの取材に応じて東北の現状を世界に伝えたことで、世界中から応援が来るようになりました。彼女はその翌年も来日し、支援活動をしています。

彼女の人となりを知るエピソードがあります。アルゼンチンの空港でフライトが次々にキャンセルされ、集まった乗客たちの不満が爆発しそうになる状況下、シンディは空港のアナウンス用マイクを借りてアカペラで歌い出しました。ストレスまみれだったお客さんたちは彼女の歌にたちまち笑顔をとり戻しました。

人はそれぞれ何かしらの特技をもっています。その得意技を生かして誰かのために力を出せば、社会は生きやすくなる。とても大事なことだと思います。

14　1%でいい、誰かのために生きる

人助けは人に強制されてするのではなく、自発的に自分の意思で始めるものです。まずは自分を大切にし、苦しい自己犠牲ではなく、幸せをほんの少し分けましょう。

ハーバード大学の学生たちを卒業後の16年間追跡調査をした論文があります。大学に通っている時に幸福感が強かった学生は、低かった学生と比べてその後の生涯収入が年収換算で2万5000ドルも多いことがわかりました。毎年260万円ぐらいの収入差があることがわかったのです。

幸せだと思っている人のところに人は集まってきやすい、だから応援も多いのではないでしょうか。会社を始めようと思ったときにお金を貸してくれる人とか、応援をしてくれるとか、有能な人を紹介してくれるとか、そうやって自分の夢が達成できるのです。

幸せは、自分のためだけに生きたときには得られません。人が喜んでくれたときにオキシトシンが作用して、幸せを感じることができるのです。だから、99%は自分のために生きても、1%だけでも誰かのために心を配って生きることが、回り回って自分にとっても大切なことなのです。

マーク・ザッカーバーグは、大学生のとき大学の寮でFacebookをスタートさせました。それが、世界で20億人に利用される企業になり、世界でも指折りのお金持ちになったのです。

彼は結婚して初めての子どもができたとき、妻とともに保有するFacebookの株99%を教育や医療に寄付すると決めました。これは、当時で50兆円という巨額に相当します。

そして、彼は長女あてにこんな手紙を書きました。

「我々の世代は世界の貧困と飢えをなくせるだろうか。正しく投資を行えば、あなたの一生のうちに答えはイエスになる」

彼は、娘ひとりに巨額のお金を残すのではなく、娘の世代のため、世界の未来のためにお金を使おうと決めたのです。

もちろん、みんながザッカーバーグのようになれるわけではありません。でも、自分の力の１%ならできるのではないか。その力が集まれば、僕たちの世界はもっともっと生きやすく、おもしろくなっていく。それは間違いありません。

参考資料

『見放さない、その命！　ＡＭＤＡ魂の連携　総社市から全国へ！』

（特定非営利活動法人ＡＭＤＡ理事長菅波茂編、吉備人出版）

さいごに

新型コロナウイルスの感染拡大で、最初の緊急事態宣言が出された2020年の春。自由な行動が制限されるなかで、みんな元気でいるかな、不安になっていないかなと、大切な人たちのことを思い浮かべました。

直接会うことはできないけれど、ZOOMでつないで「お茶会」を開催し、顔を合わせようということになりました。僕の2人の子どもとその家族、それぞれのパートナーのご両親、そして、僕たち夫婦。合計5家族14人。

離れているけれど、同じお菓子を食べながら話ができたらいいなと考え、僕の好きな六花亭のお菓子をみんなに事前に送り、楽しみに待ちました。

待ちに待ったその日。一番年長の中学生の孫が、バイオリンを演奏してくれました。事前に彼と話したとき、それとなく演奏してほしいとお願いしていたのを彼は守ってくれたのです。続いて、ほかの3人の孫たちもピアノを演奏してくれ、これはちょっとしたサプライズでした。年長の孫が、「一人一曲ずつ演奏しよう」とみんなに呼びかけてくれていたのです。きっとみんなで演奏したら、おじいちゃん、おばあちゃんたちがもっと喜んでくれると考えたのでしょう。「相手の身になる」ということは、身近な人への、こんなほんの少しの想像力から始まるのです。

少し緊張した様子で演奏する孫たち。弾き終わって、ほっとして満面の笑み。孫たちの、みんなを楽しませたいという気持ちがコンピューターの画面越しに伝わってきました。その思いに触れ、僕の妻も、習っているジャズを歌いたい、と飛び入り参加。大人も子どもも笑顔と音楽があふれるオンラインお茶会になりました。このときの楽しい思い出は、そのあとも長く続いたコロナの日々でも何とかがんばる心のエンジンになるほど、大切なものになりました。

新型コロナのパンデミックは、僕たちの社会が抱えている問題を表面にあぶり出したように思います。そのなかには、分断や偏見、差別など、人とのかかわりで苦しむ、生きにくい現実があります。ソーシャルディスタンスを余儀なくされ、この状態がもっと続けば、ますます人と人との距離が生まれてしまうのではないか、と危惧しています。

けれど、その一方で、今こそ相手の身になる力を見直すことで、こんなコロナの時代でも人と心を通わすこともできる、と希望も抱いています。この時代だからこそ、想像力を働かせ、自分との対話・他者との対話を大切にしてもらいたいと思っています。

この本づくりは、コロナの第2波に襲われ始めた2020年夏からスタートしました。開始後直接会うことなくオンラインでつなぎ、たくさん話をしながら何度も意見交換をして進めてきました。小学館の下山明子さんには、脱線したり停車しそうになるところを常に的確なアドバイスで軌道修正していただきました。坂本弓美さんにも構成、まとめなどでお世話になりました。お二人に感謝いたします。

2021年3月

鎌田實

鎌田實（かまた・みのる）

東京医科歯科大学医学部卒業後、諏訪中央病院へ赴任。30代で院長となり、潰れかけた病院を再生させた。「地域包括ケア」の先駆けを作り、長野県を長寿で医療費の安い地域へと導いた。現在、諏訪中央病院名誉院長、地域包括ケア研究所所長。一方、チェルノブイリ原発事故後の1991年より、ベラルーシの放射能汚染地帯へ100回を超える医師団を派遣し、約14億円の医薬品を支援（JCF）。2004年からはイラクの4つの小児病院へ4億円を超える医療支援を実施、難民キャンプでの診察を続けている（JIM-NET）。東日本大震災以降、全国の被災地支援にも力を注いでいる。現在は、1億円の寄付金を集め、介護施設に医師や看護師、予防資料などを送り、コロナによる介護崩壊を防ぐ活動をしている（「風に立つライオン基金」）。ベストセラー『がんばらない』他、著書多数。

帯イラスト　藍にいな
デザイン　TYPEFACE
販　売　竹中敏雄
編　集　下山明子
構成協力　坂本弓美
宣　伝　細川達司

小学館 YouthBooks

相手の身になる練習

2021年4月6日　初版第一刷発行

著　者　鎌田實
発行人　小川美奈子
発行所　株式会社 小学館
〒101-8001 東京都千代田区一ッ橋2-3-1
電話　03-3230-4265（編集）
03-5281-3555（販売）

印刷・製本　大日本印刷株式会社

ISBN978-4-09-227281-1